Stadt-
geschichten

Stadt-geschichten

Helmut Borth

Die Deutsche Nationalbibliothek verzeichnet diese
Publikation in der Deutschen Nationalbibliografie;
detaillierte bibliografische Daten sind im Internet unter
http://dnb.d-nb.de abrufbar.

© *2019 Helmut Borth*
(www.meckpress.de)

Titelgestaltung, Satz und Layout:
Felizita Rinck (www.werbe-rinck.de)

Herstellung und Verlag:
BoD Books on Demand, Norderstedt

ISBN 9783750408227

Inhalt

Mehr als Reuter und Reimann
Eine unvollständige literarische Spurensuche

Neubrandenburg ist bekannt für Reuter und Reimann, hat literarisch aber viel mehr zu bieten. Erasmus Alberus, einen Dichter von Kirchenliedern, der Mitte des 16. Jahrhunderts an der Marienkirche Seelenhirte war und im Schatten ihrer Mauern auf deren Kirchhof beigesetzt wurde, oder Ernst Theodor Johann Heinrich Brückner, einen seiner Amtsnachfolger.

Erasmus Alberus

Ernst Bückner

Als in Frankreich 1789 die Nationalversammlung die Erklärung Menschen- und Bürgerrechte verkündete, wurde das einzige auswärtige Mitglied des damals prominenten Göttinger Hainbundes Pastor an der heutigen Konzertkirche. Über seine Tochter Margarethe, eine Schwägerin von Caspar David Friedrich, dem wohl bekanntesten Maler der Romantik, entfernt verwandt, war Brückner auch zeitlebens mit dem in Sommertorf bei Waren geborenen Dichter und Übersetzer Johann Heinrich Voß befreundet. Der uneheliche Sohn eines Kammerdieners

Johann Heinrich Voß

und Enkel eines mecklenburgischen Leibeigenen besuchte von 1766 an für drei Jahre die Neubrandenburger Gelehrtenschule.

Als Voß, der nicht nur die Ilias und Odyssee aus dem Griechischen, sondern auch die Erzählungen aus Tausendundeiner Nacht aus dem Französischen übersetzt hat und wohl auch den Trinkspruch vom Wein, Weib und Gesang erfunden haben soll, erstmals auf einer Schulbank in der Vier-Tore-Stadt Platz nahm, besuchte mit Thomas Nugent ein Gelehrter, Historiker und Reiseschriftsteller aus Großbritannien Neubrandenburg. Fünf Jahre nach der Hochzeit seines Königs Georg III. mit der Mecklenburg-Strelitzer Prinzessin Sophie Charlotte wollte der in London gebürtige Ire den Untertanen seiner Majestät die mecklenburgische Heimat seiner jungen Königin vorstellen. Bei seinen Streifzügen durch die Straßen der Stadt, zum Tollensesee und bei Spaziergängen über den Wall wurde er vom Rat und Landsyndikus des Stargarder Kreises, Johann Gottlieb Pistorius, begleitet.

Grab Johann Gottlieb Pistorius

Der Rechtsgelehrte war nicht nur ein allseits anerkannter Altertumsforscher. Er bereitete auch eine umfassende Geschichte aller mecklenburgischen Adelsfamilien vor, konnte aber nur einen ersten Band veröffentlichen, über die Familie von Warburg. Bei anderen Herren aus den Reihen derer von und zu stieß er auf wenig Gegenliebe und Unterstützung.

Auf Unverständnis stieß der Aufklärer auch bei seinen Mitbürgern mit seinem Einsatz für einen Friedhof außerhalb der Stadtmauern. Die Kirchhöfe der Innenstadt waren überbelegt und boten frei herumlaufenden Schweinen ein Futterparadies. Die hygienischen Zustände lassen sich nicht beschreiben. Es gab sie einfach nicht. Das war der Grund, warum Pistorius sich nach seinem Tod 1780 außerhalb der Stadtmauern auf dem Wall beisetzen ließ, wo auf seine Anregung hin von ihm und seinen Freunden vier Jahre zuvor das erste Gellert-Denkmal in deutschen Landen aufgestellt wurde.

Das erste deutsche Gellert-Denkmal

Christian Fürchtegott Gellert

Christian Fürchtegott – was für ein Name für einen Pastorensohn! – Gellert war zwar nie in Neubrandenburg, doch seine Erzählungen, Fabeln und viele Lieder waren weithin beliebt und bekannt. Seine Choräle wurden in den evangelischen Gemeinden gern gesungen. Auch in Neubrandenburg. Die krönende Urne auf der verputzten Stele seines Denkmals ist eine Kopie. Das Original, gestiftet vom Bruder von Queen Charlotte, Herzog Adolph Friedrich IV. aus Neustrelitz, fand seinen Weg ins Regionalmuseum, wo auch die Grabplatte der letzten Ruhestätte von Pistorius aufbewahrt wird, dem der Schriftsteller Prof. Dr. Marx Müller 1916 ein Denkmal in Versform setzte.

Der Syndikus Pistorius
War einer von den Hellen;
und wußte zu des Rats Verdruß
Manch Übel abzustellen;
Er hat nicht alles, nur weils alt,
Als edel preisen wollen
Dann hat es stets ihm zugeschallt:
„I wat, bliwwt Allen's bi'n Ollen!"
Er schrieb sich fast die Finger wund:
„Der Kirchhof, den wir haben,
Ist ungesund! Ist ungesund!
Man soll da nicht begraben!

Noch mehr Zeilen sind in seinen Betrachtungen „Aus dem Lande Dörchläuchtings" in Velhagens & Klasings Monatsheften, Jahrgang 30, März 1916, Seite 408–413, zu finden.

„Dörchläuchting" Adolph Friedrich IV., der regierende Herzog von Mecklenburg-Strelitz, Ritter des Hosenbandordens und mit 14 bereits Rektor der Greifswalder Universität, hatte zu dieser Zeit seine Sommerresidenz in einem Palais seiner Vorderstadt aufgeschlagen. Es lag gegenüber der Bäckerei Schulz. Beide Quartiere waren nur durch das Rathaus getrennt, das zwischen ihnen auf dem Markt stand. Den beiden Häuptern der Häuser, dem anspruchsvollen Fürsten mit leerem Geldbeutel und der resoluten Bürgerfrau, setzte Fritz Reuter mit der Ver-

öffentlichung seiner Humoreske „Dörchläuchting" 1866 bei Hinstorff in Rostock ein literarisches Denkmal. Anlässlich des 100-jährigen Firmenjubiläums des Modehauses Nahmacher ließ dessen Inhaber Hermann Carstens 1923 vom Bildhauer Wilhelm Jaeger einen Reuterbrunnen schaffen, der seinen Platz vor dem Rathaus fand und im Zuge des HKB-Baus Mitte der 19060er-Jahre als Mudder-Schulten-Brunnen seinen jetzigen Standplatz am

Fritz Reuter

Wall fand. An einem Eingang zur Innenstadt, gegenüber dem Bahnhof und gegenüber von Fritz Reuter. Der hatte übrigens sieben Jahre in verschiedenen Neubrandenburger Wohnungen verbracht, im Ratskeller und im Fürstenhof Stammtisch gehalten und sich 1863 als erfolgreicher Autor, nicht ohne Wehmut, gen Eisenach verabschiedet.

„Diese sieben Jahre, ich kann es ganz aufrichtig sagen, sind die glücklichsten meines Lebens gewesen. Ich werde nie die freundliche Vorderstadt Neubrandenburg vergessen mit ihren reinlichen Straßen, mit ihrer schönen Kirche, wie ihrem grünen Eichenkranz, den hellblauen Spiegel ihres Sees, ihrem Buchenwald – niemals werde ich sie vergessen." Hier hatte er seine produktivste Zeit, hier schuf er fast alle seine großen Werke: „Kein Hüsung", „Ut de Franzosentid", „Hanne Nüte" und „Ut mine Stromtid".

Mit seinen Werken erlangte Reuter, der 2015 übrigens als Ermittler im Regionalkrimi „Doppelmord" von Frank Goyke nach Neubrandenburg zurückkehrte, nicht nur nationalen Ruhm und Anerkennung. Sein Platt wurde in fast alle europäischen Sprachen und nach dem Zweiten Weltkrieg sogar ins Japanische übersetzt.

In der Zeit, in der „Dörchläuchting" in Neubrandenburg Hof hielt, wurde hier auch der durch eine der größten Privatbibliotheken seiner Zeit bekannte Bibliophile Karl Hartwig

Karl Hartwig von Meusebach

Gregor von Meusebach (Pseudonyme: Alban; Markus Hüpfinsholz) geboren. Wikipedia nannte unter seine Namen lange Voigtstedt im Kyffhäuserkreis als seinen Geburtsort, änderte das aber jetzt, während Neubrandenburg in seinem Internetlexikoneintrag im Menüpunkt „Persönlichkeiten" seine Geburt weiter hartnäckig verschweigt. Doch der Freiherr hat schon 1830 den Brüdern Grimm geschrieben: *„Geboren bin ich zu Neu-Brandenburg …"*

Wie so oft in solchen Fällen spielte der Zufall eine gewichtige Rolle. Ohne den wäre die Mutter des Juristen, Sammlers, Literaturwissenschaftlers und Märchenfreundes sicher im heimatlichen Thüringen niedergekommen.

Der Vater, Christian Karl von Meusebach, war ein anerkannter Jurist und hatte zwischen 1780 und 85 Erbschaftsangelegenheiten bezüglich der mecklenburgischen Güter Dahlen, Beseritz, Treppesdorf (Disley) sowie der Herrschaft Seeburg im Mansfeld zu regeln gehabt. Angehörige der Familie von Hahn waren in der zweiten Hälfte des 18. Jahrhunderts – man könnte sagen – wie die Fliegen gestorben. Und am 6. September 1779 ereilte dieses Schicksal auch den letzten männlichen Spross der Rempliner Linie, den unter Vormundschaft stehenden geisteskranken Erblandmarschall Claus Ludwig von Hahn.

Der berühmte Astronom Friedrich II. von Hahn aus Neuhaus in Schleswig-Holstein und dessen ebenfalls wegen Geistesschwäche unter Vormundschaft stehender Bruder Detlev gehörten wie die Thüringer Adelsfamilien von Meusebach, von Witzleben und von Geusau zu den Erbberechtigten. Die Erbauseinandersetzung war kompliziert, zumal am 30. April 1780 auch Anna Hedwig von Geusau starb, eine geborene von Hahn, eine Schwester des toten Erblandmarschalls Claus Ludwig. Da sich der Prozess über Jahre hinzog, mietete sich Karl Hartwig Gregor von Meusebachs Vater samt schwangerer Frau und zwei kleinen Kindern in Neubrandenburg ein, wo am 6. Juni 1781 der spätere Bücherfreund und Helfer der Brüder Grimm das Licht der Welt erblickte. Kaum aber, dass das Nesthäkchen das vierte Lebensjahr vollendet hatte, starb die Mutter. Der Vater heiratete daraufhin Christine Tugendreich – wieder so ein pietätvoller Name – Viedmar, die Kammerfrau seiner ersten Gemahlin.

1804 ehelichte Karl Gregor Hartwig Freiherr von Meusebach Ernestine von Witzleben, Tochter des kurfürstlich hessischen Staatsministers. Meusebach wurde aus Interesse und Vergnügen ein Kenner der deutschen Literatur und Sammler wertvoller Drucke. Seine Bibliothek wurde 1849 von der preußischen Regierung angekauft und in der Königlichen Bibliothek zu Berlin aufgestellt.

Die Märchen „Der Großvater und der Enkel", 1812 in die Grimmsche Sammlung aufgenommen, und „Der gläserne Sarg", 1837 erstmals in einem Grimm-Märchenbuch erschienen, stammen aus der Meusebachschen Bibliothek, die 36.000 Bände umfasste. Zudem machte der Freund die Märchenbrüder darauf aufmerksam, dass der von ihnen 1837 aufgenommene Schwank „Der kluge Knecht" auf die Auslegung eines Psalms von Martin Luther zurückgeht.

Als Meusebach in Neubrandenburg das Laufen lernte, versuchte in einem anderen Haus ein weiterer Thüringer Edelmann weiter an seinem literarischen Ruhm zu schreiben. Nachdem

Gottlob – noch einmal die damalige Namensmode – Freiherr von Hacke auf Bilzingsleben, königlich-preußischer Kommissionsrat zu Neubrandenstein, als solcher ist er im „Pantheon deutscher jetzt lebender Dichter und in die Belletristik eingreifender Schriftsteller" aus dem Jahr 1823 verzeichnet, 1781 bereits in Hamburg „Das Schnupftuch", ein Trauerspiel

Wappen der Freiherren von Hacke

in drei Aufzügen, herausgeben hatte, schloss der Ritter des Weißen Adlerordens und vormalige polnische Geheimrat als Mitglied der in Neubrandenburg gastierenden Schauspieltruppe des Prinzipals Johann Carl Tilly Bekanntschaft mit dem kriminellen Goldschmied, Kunst- und Kuriositätensammler Gideon Sponholz, der nach dem Tod von

Pistorius wohl einen großen Teil von dessen Nachlass in seinen Besitz gebracht hat.

Mit Urkunden und Unterlagen zur Geschichte Neubrandenburgs schrieb der das Theater liebende und durch Norddeutschland vagabundierende abenteuerlustige Baron die „Geschichte der Vorderstadt Neubrandenburg", die 1783 als erste Chronik der Vier-Tore-Stadt veröffentlicht wurde. Hackes Sponsor Sponholz befand sich zu dem Zeitpunkt gerade auf dem Höhepunkt seines antiquarischen Ruhms. Nachdem 1782 seine Mutter verstorben war, ließ er ein Jahr später die Auffahrt des Hauses überbauen, so dass oberhalb des Torweges Räumlichkeiten gewonnen wurden, in denen er ein „Antiken- und Naturalien-Kabinett" einrichtete. In dessen Mitte stand ein Tisch mit dem Modell eines kleinen Tempels, der den des sagenhaften Rethras darstellen sollte. Davor waren Götzenbilder aus Ton platziert. In einem Schrank verwahrte er Amulette und Idole aus Metall, die er im Pfarrgarten von Prillwitz gefunden haben wollte. Die kunstvollen Arbeiten aus der eigenen Fälscherwerkstatt narrten Jahrzehnte Gelehrte in ganz Europa. Den Herzoglich Mecklenburg-Strelitzschen Hofprediger Andreas Gottlieb Maasch und den Herzoglich Mecklenburg-Strelitzschen Hofmaler Daniel Woge hatten sie bereits 1771 zur Herausgabe des Buches „Die gottesdienstlichen Alterthümer der Obotriten aus dem Tempel zu Rethra am Tollenzer-See" veranlasst. 2011 inspirierten sie den FAZ-Redakteur Frank Pergande zum Krimi „Der Fluch der Ente".

Frank Pergande

Der Fluch der Ente

KRIMINALROMAN

THOMAS HELMS VERLAG

Ein lesenswerter „Götzenkrimi"

Ob Sponholz und der bedeutendste Kunstfälscherskandal des ausgehenden 18. Jahrhunderts jemals eine Rolle in einem der 290 (!) Romane spielten, die die erfolgreichste Unterhaltungsschriftstellerin ihrer Zeit, Luise Mühlbach (Pseudonym von Clara Mundt) in nur 36 Jahren geschrieben hat, ist noch nicht untersucht. Mit der Baronin Friederike von Kimsky, der Tochter des Neubrandenburger Uhrmachers Johann Wilhelm Hähnel, die als Geliebte des preußischen Staatskanzlers Karl Wilhelm Fürst von Hardenberg und „Beraterin" von Papst Gregor XXII. in die Geschichte einging, hat sie sich schließlich beschäftigt und der „Erfinder" der Prillwitz-Idole war seinerzeit nicht weniger bekannt. Luise Mühlbach, die Tochter des Neubrandenburger Bürgermeisters Müller, wurde am 2. Januar 1814 in Neubrandenburg geboren. Sie war damit eine Zeitgenossin der späteren Erfolgsautorin Ida Gräfin Hahn-Hahn, die nach 1810 im Kindesalter bei ihrer Mutter in der Kleinen Wollweberstraße lebte.

Luise Mühlbach

Ida Gräfin Hahn-Hahn

Das Palais Hahn, in der Stadtgeschichte auch als Bürgermeister-Brückner-Haus bekannt, gehörte sicher zu den Sehenswürdigkeiten, die Theodor Fontane entdeckte, der Mecklenburg und seinen Fritz Reuter liebte und dessen Rotspon und Onkel Bräsig,

Theodor Fontane

eine Gestalt aus der „Strom-tid", höher stellte *als den ganzen Borussismus, diese niedrigste Kulturform, die je war".* 1897 verbrachte der märkische Wanderer im Juni und Juli vier Wochen im 2006 abgerissenen Kurhaus „Augustabad". Gerade einmal zwei Jahre alt war zu dieser Zeit das nach der Mecklenburg-Strelitzer Großherzogin Augusta Caroline, einer geborenen Prinzessin von Großbritannien, Irland und Hannover benannte Heim, das sozusagen den Grundstein für den Beginn des Tourismus in Neubrandenburg bildete. Fontane suchte hier Erholung von seinen Altersgebrechen und las am Ufer des Tollensesees die Korrekturen zu „Der Stechlin".

Beim Spaziergang durch die die Straßen und Gassen der Stadt und über ihren Wall traf er auch auf das am 29. Mai 1893 feierlich enthüllte Denkmal seines Idols. Die überlebensgroße Bronzestatue des sitzenden Dichters war das erste Reuterdenkmal auf mecklenburgischem Boden.

1893 eingeweiht, das erste mecklenburgische Reuter-Denkmal

Nur ein Jahr nach der Neubrandenburger Denkmalweihe wurde hier am 14. Dezember 1894 der von seiner Vaterstadt längst vergessene Autor Alexander Persyn geboren. Bevor er als Freiwilliger von 1914 bis 916 in den Ersten Weltkrieg besuchte er in Worm uns Gießen die Oberrealschule. 1917 gab er mit Alfred Ihne „50 Fahrten mit dem Lazarettzug nach der Westfront" heraus, 1918 im Selbstverlag „Deutscher Advent" und

1954, ebenfalls im Selbstverlag, „Es sei Frieden". Der Prosaautor, über den im weltweiten Netz eigentlich nichts Biografisches zu finden ist, außer, dass er in Kempten im Allgäu und in Hildesheim gewirkt hat, war unter anderem Druckereidirektor und Präsident des Landesverbandes Rheinland-Pfalz in Deutschen Aero Club. Er starb 1982 im baden-württembergischen Bad Schusselried.

Cover eines Alexander-Persyn-Buches

Nicht weit von Fontanes Urlaubsdomizil Augustabad bauten die Nazis zwischen 1941 und 42 eine Außenstelle der Torpedoversuchsanstalt Eckenförde und testeten auf dem Tollensesee die Treffgenauigkeit ihrer „Aale". Beim Bau eingesetzt waren auch russische und französische Kriegsgefangene, die zu Tausenden in großen Lagern in Fünfeichen vegetieren mussten, und aus dem die Russen

Uwe Johnson

nach Kriegsende das Sonderlager Nr. 9 des NKWD machten. Die Zustände in diesem Speziallager, in dem auch der von den Nazis als Blut-und-Boden-Autor hoch geschätzte Bauernsohn Friedrich Giese (1890–1975) bis Anfang Mai 1946 inhaftiert war, schildert der Schriftsteller Uwe Johnson (1934–1984) in seinen „Jahrestagen". Die Publizistin Jutta Ditfurth sagt Griese in den 1930er-Jahren unter anderem eine mehrmonatige Beziehung mit der Mutter von Ulrike Meinhoff nach.

Neubrandenburg war im Zuge der Aufrüstung und Kriegsvorbereitung zu einem Zentrum der Rüstungsindustrie geworden. Für die Mechanischen Werkstätten Neubrandenburg, die unter anderem auf Bombenabwurfgeräte spezialisiert waren, hatte man in der Ihlenfelder Vorstadt nicht nur Eigenheime und Reihenhäuser für Fachpersonal gebaut – zwischen 1933 und 1939 stieg die Einwohnerzahl um fast 43 Prozent! –, sondern auch das größte Außenlager des KZ Ravensbrück geschaffen, in dem zum Schluss zwischen 6000 und 7000 Häftlinge eingepfercht waren.

Peter Huchel

Zu dieser Zeit, genau gesagt zwischen Oktober 1942 und Sommer 1943, war auch der Lyriker Peter Huchel (1903–1981) als Angehöriger einer Flugsicherungseinheit bei einer *„unfreundlichen Wirtin"* hier stationiert. *„In meiner engen Dachkammer kann ich mir weder einen Tee noch einen Kaffee kochen. Die Neubrandenburger sind stur und kalt (nicht alle: einige nette Kameraden sind darunter!), und ich fühle mich hier recht vereinsamt und unfrei, wenn ich in meiner Kammer ohne Tisch und Schrank hocke, in meiner expressionistischen Zeit hatte ich ‚Einsamkeitskammer' gesagt!"*

Werner Wilk

Anders als Huchel dürfte der Erzähler und Hörspielautor Werner Wilk Neubrandenburg in Erinnerung behalten haben. Der 1970 in Berlin verstorbene Autor von „Wesenholz", „Zwischen zwei Ufern", „Der Verrat", „Fortuna Gebrechen", „Werner Bergengruen" oder „Hinab gen Jericho" war am 6. September 1900 hier geboren worden. Bis 1927 arbeitete der gelernte Konstrukteur als Schauspieler, danach als Redakteur, Verlagslektor und freier Schriftsteller. Fast ein Jahrzehnt war er Leiter der Literaturabteilung des RIAS.

Während der Rundfunk im amerikanischen Sektor, im Westberliner Bezirk Schöneberg, Hörspiele des gebürtigen

Brigitte Reimann

Neubrandenburgers Werner Wilk ausstrahlte, zog 1968 die Schriftstellerin Brigitte Reimann nach ihrer Scheidung von Siegfried Pitschmann nach Neubrandenburg. Hier ehelichte sie 1971 den Arzt Dr. Rudolf Burgartz. In den letzten zwei Lebensjahren von einem Krebsleiden beeinträchtigt, arbeitete sie hier bis zu ihrem Tod 1973 an ihrem Hauptwerk „Franziska Linkerhand".

Der 2013 verstorbene „Literaturpapst" Marcel Reich-Ranicki würdigte Brigitte Reimann mit folgenden Worten: *„Ich kann mich nicht erinnern, das Buch einer Frau in deutscher Sprache ge-*

lesen zu haben, in dem die Sehnsucht nach Liebe mit einer solchen Sinnlichkeit und Intensität gezeigt wurde."

Neubrandenburg hält die Erinnerung an die Frau in einem seit 1971 bestehenden Literaturzentrum wach, das 1993 in die Trägerschaft eines eingetragenen Vereins überging. Das Literaturzentrum baute im Auftrag der Stadt das Brigitte-Reimann-Literaturhaus in der Gartenstraße 6 auf.

Das Brigitte-Reimann-Literaturhaus in der Gartenstraße

Hier stand zuvor das Haus der Autorin und ihres Ehemanns Dr. Burgartz, das bei den Sanierungsarbeiten einstürzte. Heute ist es nicht nur literarischer Gedächtnisort mit der Bibliothek, mit Bildern und Möbeln aus dem Nachlass Brigitte Reimanns, sondern auch Sitz der 1999 gegründeten Brigitte-Reimann-Gesellschaft. Das Literaturzentrum besitzt darüber hinaus die facettenreichste Sammlung Mecklenburg-Vorpommerns zur Literatur nach 1945. Es beherbergt die literarischen Nachlässe

Siegfried Pitschmann

Helmut Sakowski

Joachim Wohlgemuth

Martin Pohl

von Brigitte Reimann, ihres Ex-Ehemanns Siegfried Pitschmann, von Helmut Sakowski, Joachim Wohlgemuth, Margarete Neumann, Lisa und Herbert Jobst, Franz Freitag, vom

Brecht-Schüler Martin Pohl und Rudi Strahl. Darüber hinaus verwaltet das Literaturzentrum treuhänderisch für das Land Mecklenburg-Vorpommern den Nachlass von Hans Fallada.

Lisa und Herbert Jobst

2014 wurde im Literaturzentrum das unveröffentlichte Romanmanuskript „Erziehung eines Helden" von Siegfried Pitschmann entdeckt, das nach der Rede von Erwin Strittmatter auf der Bitterfelder Konferenz der SED 1959 nicht erscheinen durfte. 2015 wurde der Roman mit 55-jähriger Verspätung postum veröffentlicht. Pitschmann war 2002 in Suhl verstorben.

Zu den Kollegen, mit denen Brigitte Reimann einen intensiven diskursiven Austausch pflegte, gehörte auch die seit 1961 einsam in einem kleinen Haus in Neubrandenburgs Brodaer Holz lebende und als parteinah geltende Margarete Neumann. Ihr erster Roman „Der Weg über den Acker", der 1955 erschien, wurde ein Erfolg. Eines ihrer wichtigsten Bücher ist „Der grüne Salon" aus dem Jahr 1972. Die bis ins hohe Alter aktive Autorin lebte nach der Wende von 1991 bis 2001 in Tunesien. Es war eine Flucht

MARGARETE NEUMANN

Der Weg
über den Acker

ROMAN

DEUTSCHE VOLKSBIBLIOTHEK

Ein Bestseller von Margarethe Neumann

vor der Wiedervereinigung, wie sie erklärte: *„Von hier aus gesehen kommt mir Deutschland nicht mehr so beängstigend groß und gewichtig vor."* Die Mutter der Bildhauerin Dorothee Rätsch starb am 4. März 2002 in Rostock an Krebs.

1991, dem Jahr, in dem Margarete Neumann nach Tunesien zog, verlegte die 1960 gegründete Fritz-Reuter-Gesellschaft ihren Sitz von Lübeck nach Neubrandenburg. Seit 1992 ist das Neue Tor Heimstatt der Literaturgesellschaft, die Ende 2014 noch 380 Mitglieder, vor allem jenseits der 70 Jahre, zählte. Damit fehlt es den Plattsnakers augenscheinlich an Nachwuchs.

Im Neuen Tor hat die Fritz-Reuter-Gesellschaft ihren Sitz.

Ein eifriger Plattsnaker war auch der Schriftsteller und Buchhändler Ulrich Meyer, der seinen Beruf in der Neubrandenburger Hofbuchhandlung von Carl Brünslow erlernte und die Erinnerung an ihn und das Leben in der Vier-Tore-Stadt im 1923 erschienenen Buch „Der Meister und sein Schüler" wachhielt.

Ulrich Meyer schildert in seinen Reminiszenzen auch die Geschichte, wie Carl Brünslow 1859 die Verlagsrechte an Arbeiten von Fritz Reuter an Carl Hinstorff verkauft haben soll.

„Brünslow hatte die Läuschen und Rimels in Verlag genommen. Mit dem Absatz dieses Erstlingswerks des damals noch unbekannten Dichters ging es aber recht schlecht. Das von Brünslow in das Geschäft gesteckte Geld schien verloren. – Da war eines Tages Hinstorff aus Wismar zu Besuch gekommen. Der verlegte den ‚Voß- und Has-Kalender‘ und kam viel im Land Mecklenburg herum. Den bearbeitete Brünslow und brachte es schließlich fertig, ihm die Vorräte der Läuschen und Rimels nebst dem Verlagsrecht zu einem Preise zu verkaufen, der die gehabten Auslagen mehr als reichlich deckte. – Brünslow ließ den Kollegen nichts von der inneren Befriedigung über dies Geschäft merken. Als Hinstorff aber wieder abgereist war, ging Brünslow am Abend selbigen Tages in den Ratskeller, wohin er auch seine nächsten Freunde geladen hatte. Denen gab er ein kleines fröhliches Fest. ‚Kinnings, ich will Jug wat seggen: ik heff hüt Fritzing Reutern sin ollen Schitkram Hinsdörpen upsnackt, un ik sall nu all min Geld wedder hebben. Dat ist sunnen Geld, dor möten wi eens up drinken.‘ – Und alle freuten sich mit ihm und tranken gern von des Kellerwirtes gutem Rotspon, den Vater Brünslow behaglich lächelnd bezahlte …“

Das Buch von Ulrich Meyer gehört auch zum Mecklenburgica-Bestand der Neubrandenburger Regionalbibliothek, die am 17. Juli 1965 als Teil des Hauses der Kultur und Bildung eröffnet wurde. Die Bibliothek, die für eine umfassende HKB-Sanierung für drei Jahre in einem Anbau des Rathauses untergebracht war, konnte Anfang Oktober 2015 in ihr ursprüngliches Domizil an den Markt zurück und eröffnete 50 Jahre nach ihrer Eröffnung dort wieder ihre Türen. Die 1965 eröffnete Bibliothek war übrigens der erste Bibliothekszweckbau für eine öffentliche Bibliothek dieser Dimension in der DDR.

Nach mehrjähriger Sanierung des HKB wurde der Gebäudekomplex mit Bibliothek 2015 wiedereröffnet.

Ihre Wurzeln hat die Neubrandenburger Bibliothek übrigens im Jahr 1895, als *„einige Herren zusammengetreten sind, um nach dem Vorgange anderer Städte am hiesigen Orte eine sogenannte Volksbibliothek zu begründen"*, wie die 2015 mit dem Daniel-Sanders-Preis für Kultur und Demokratie ausgezeichnete ehemalige Bibliothekarin Gudrun Mohr weiß. Aus dieser Initiative entstand die erste öffentliche Volksbibliothek in Neubrandenburg, die auch die erste im damaligen Großherzogtum Mecklenburg-Strelitz war. Heute ist die Regionalbibliothek, in der seit 1991 die Geschäftsführung der Annalise-Wagner-Stiftung liegt, der ersten Kulturstiftung in Mecklenburg-Vorpommern, die größte und wichtigste Bibliothek im südöstlichen Teil Mecklenburg-Vorpommerns.

7 Blick zum Leseraum der Kinder unter dem Schirmdach

8 Freihandbibliothek für Kinder mit Treppe zum Leseraum

Ein Zeitdokument aus dem Jahr 1969, eine Seite aus einer Broschüre des VEB E.A. Seemann, Buch- und Kunstverlag, Leipzig.

Große Liebe am Tollensesee
Adolf von Wilbrandt: „Irma"

Als vom 15. bis 17. Juni 1905 „Die goldene Kugel" und mit ihr das „Deutsche Haus" sowie das daran anschließende Eckhaus mit einer Reihe von Läden brannte, wurde nicht nur das als eines der ersten Häuser gehandelte Hotel an der Nordseite des Marktes ein Raub der Flammen, sondern mit ihm auch einer der Handlungsorte des Romans „Irma". Das Buch war damals ein Bestseller. 1904 auf den Markt gekommen, erlebte es schon ein Jahr später seine zweite Auflage. In Neubrandenburg dürfte es lange Gesprächsstoff geliefert haben. Die Leser folgten einer spannenden Liebesgeschichte zwischen einem Mädchen aus ihrer Stadt und einem Jungen aus dem pommerschen Stargard. Und was fast in einer Katastrophe auf dem Tollensesee geendet wäre, fand glücklicherweise in Augustabad ein Happy End.

Die Story stammt aus der Feder des 1837 in Rostock geborenen Schriftstellers Adolf [von] Wilbrandt, der sein ihm zusammen mit dem Maximiliansorden vom bayerischen Märchenkönig Ludwig II. verliehenes Adelsprädikat für keine seiner Publikationen nutzte. Obwohl es sicherlich verkaufsfördernd gewesen wäre.

Der Roman

und sein Autor Adolf von Wilbrandt

Adolf Wilbrandt hat im Laufe seines Lebens mehr als 40 Romane und Novellen verfasst, über zehn dramatische Dichtungen und Lustspiele, Gespräche und Monologe veröffentlicht, 1874 auf Drängen von Luise Reuter den Nachlass ihres verstorbenen Mannes veröffentlicht, mit dem er sogar verschwägert war. Adolf Wilbrandt schrieb ein Jahr später auch den ersten „schwulen" Roman der deutschen Literaturgeschichte. „Fridolins heimliche Ehe" ist zwar kein Meisterwerk, aber in der Übersetzung der US-Amerikanerin Clara Bell wurde er 1884 auch das erste literarische Dokument männlicher Liebe in den Vereinigten Staaten. Darüber hinaus stellt dieses Buch auch ein Zeitdokument mecklenburgischer schwuler Identität Mitte des 19. Jahrhunderts dar. Als Vorlage für Fridolin wählte Wilbrandt nämlich seinen Rostocker Freund, den bisexuellen Kunsthistoriker Friedrich Eggers, der gemeinsam mit ihm nach Wien kam.

Ob der „Fridolin"-Roman auch eine autobiografische Verbindung zu seinem Autor hat? Adolf Wilbrandt war jedenfalls

Auguste Baudius

verheiratet und hatte mit seiner Frau, der Schauspielerin Auguste Baudius, auch zwei Söhne. Allerdings verließ er 1887 Wien, wo er sechseinhalb Jahre lang Direktor des Burgtheaters gewesen war, ohne seine Angetraute in Richtung Rostock. *„Wir haben uns schmerzlos und freundschaftlich getrennt"*, erklärte Adolf Wilbrandt einmal dem Literaten Viktor Klemperer. Nur selten besuchte Auguste ihren Mann an der Küste, sie wohnte dann im Hotel.

Als er 1911 starb, hob die „Wiener Abendpost" in einem Nachruf seine besondere *„Liebenswürdigkeit"* und seinen *„femininen Charakter"* hervor.

Als sicher kann angenommen werden, dass ein Teil der Handlung des „Irma"-Romans auf eigener Erfahrung beruht. Das kleine Neubrandenburger Mädchen, Irma Zeising, hatte unter dem Künstlernamen Wendelstein Karriere gemacht. Sie war eine berühmte Opernsängerin geworden. Intrigen führen dazu, dass sie sich aus der Öffentlichkeit zurückzog, nicht mehr mit der Bühne oder Konzerten zu tun haben wollte.

Von ihrem Freund aus Kindertagen, dem pommerschen Lehrersohn Robert, der über Neubrandenburg seinen Weg in die Welt angetreten hatte und als Doktor der Philosophie in der Redaktionsstube einer Zeitung gelandet war – Wilbrandt war Doktor der Philosophie und arbeitete als Ressortchef für die Süddeutsche Zeitung – wurde sie auf das Gut seines Ziehvaters in Mecklenburg-Strelitz eingeladen, nur wenige Kilometer vor den vier Toren Neubrandenburgs.

Während Irma auf diesem Gut dem Charme eines windigen Neffen erliegt und erst in letzter Sekunde vom in sie verliebten Robert vor dem Ertrinken im Tollensesee gerettet wird; sie im Kurhotel Augustabad wieder zu sich kommt und in den Armen Roberts die Kraft findet, wieder zurück auf ihre Bühne zu wollen, findet Wilbrandts Frau diese Kraft im wahren Leben nicht. Auguste Baudius-Wilbrandt, der Star am Burgtheater, ließ sich mit 35 Jahren pensionieren, um erst mehr als zehn Jahre später glanzvoll in ein anderes Theater zurückzukehren. Der Vater der „Kameliendame", Alexandre Dumas der Jüngere, hatte sie überredet, die Rolle der „polnischen Gräfin" in seinem gleichnamigen Stück zu übernehmen. Noch mit über 90 Jahren stand die Schauspielerin dann noch auf der Bühne.

Aus „Irma" spricht noch etwas, was das Leben von Adolf Wilbrandt bestimmt. Heimatliebe!

„Heimath" heißt eine seiner Novellen. Sie handelt von einem, der in Italien gewesen und in seine Heimat zurückgekehrt ist. Wie Wilbrandt selbst, der als Direktor des Burgtheaters auf einen Pensionsanspruch verzichtete, um jederzeit die Möglichkeit zu haben, den Job aufgeben zu können.

Träger der Heimatliebe ist auch Wilbrandts Irma, die immer wieder betont, dass Neubrandenburg die schönste Stadt ist.

Wir haben die schönsten Tore in Mecklenburg ... mit all den Frauenfiguren oben – von denen man gar nicht weiß, was sie sind.

Blick auf das von Adorantinnen geschmückte Stargarder Tor

Unser See ist zwei Meilen lang. Man fährt mit dem Boot, ich weiß nicht wie lang! Im Dampfschiff natürlich nicht so lang. Und ganz wunderschön ist er. Die großen Wälder. Und die Ufer sind so hoch. Und im Nemerower Holz – im Nemerower Holz – ...

Neubrandenburg — Tollense-See — Blick auf Hochburg u. Augusta-Bad

Zwei Meilen lang, der Tollensesee

Und auf allen Wällen stehen wunderschöne Eichen; beinah rundherum. Andere Bäume auch, aber das schönste sind die Eichen; o Gott! […] In alten Zeiten wurde das eingeführt, jedes junge Ehepaar musste nach seiner Hochzeit zwei Eichen auf den Wällen pflanzen, und musste die dann auch pflegen, dass es schöne Bäume wurden.

Neubrandenburg Wallpartie 32844

Die mit Eichen bepflanzen Wallanlagen

An dem neuen Fritz-Reuter-Denkmal vorüber, das sie wie ein erster gemütlicher Gruß der Vaterstadt gleich vor dem Bahnhof empfing, schlenderten sie zu einem der ‚besseren, vornehmen' Gasthöfe, wie Zeising mit einer stolzen Bewegung seiner starken Brauen sagte; denn, in die Goldene Kugel geh´ ich nicht, die ist nicht für unsereinen, aber wenn ich einmal wieder nach Neubrandenburg komm´, so soll man mich doch in guter Umgebung sehn!

Das Reuter-Denkmal in Bahnhofsnähe

Durch das schöne Treptower Doppeltor rasselten sie hinaus und dem großen See zu, den der Werderbruch von den Stadtwällen trennt.

Das Treptower Tor, ein Aquarell von Max Koch aus dem Jahr 1888

An dem alten Broda vorbei kamen sie zu dem waldigen Hügel, der das Belvedere trägt, einen kleinen, weithin leuchtenden, schlicht antikisierenden Bau.

Und am Hochufer von Broda grüßt Belvedere.

Irma Ammon stand im Gasthof zur Goldenen Kugel in Neubrandenburg am Fenster und sah über den großen Platz, in dessen Mitte das Rathaus mit dem spitzen Türmchen stand.

1747 erbaut, die Ruine 1950 abgerissen, Neubrandenburgs Rathaus

Irma stand beim Ausfluss der Tollense, wo die vermietbaren Boote lagen...

Am „Kropf", der Übergang vom Tollensesee in den Oberbach

Irma saß am nächsten Morgen – es ging schon auf Mittag – in ihrem Zimmer im Augustabad. Sie wartete auf Robert, der zur Stadt gegangen war, um aus ihrer Wohnung zu holen, was sie brauchte...

Das Kurhaus „Augustabad", 1895 eröffnet, 2005 abgerissen

Des Herrn Pastor sien Fru
Minna Rüdiger: „Die Ritter von der Hopfenburg"

„Durch das kleine, eisenvergitterte Fenster einer Zelle des Franziskanerklosters zu Neubrandenburg fielen die Sonnenstrahlen." Mit diesen Worten beginnt Minna Rüdiger den von ihr als Erzählung bezeichneten Roman „Die Ritter von der Hopfenburg". 1892 zum ersten Mal in Köthen verlegt, führt seine Handlung mehr als 500 Jahre zurück in das Jahr 1480. Die Bürger waren zu der Zeit in Streit mit den Rittern von Ihlenfeld geraten. Auge für Auge hatten sie als Vergeltung für Gewalttaten des Adelsgeschlechtes deren Burg vor den Toren der Stadt angezündet und dabei Ritter Otto und seinen Vater getötet. Die Mecklenburger Herzöge Magnus und Balthasar mussten persönlich eingreifen und Frieden stiften.

Mit keinem Satz erwähnt die 1841 geborene Autorin die blutige Fehde, für die Neubrandenburg lange büßen musste. Sie lehnt sich nicht an die historischen Ereignisse an, sondern erzählt eine von ihr frei erfundene Geschichte aus vorreformatorischer Zeit.

Minna Rüdiger

Minna, eigentlich Wilhelmine Margarethe Charlotte Rüdiger, kannte Neubrandenburg. 1863 hatte die gebürtige Lübeckerin den Theologen Johannes August Rüdiger geheiratet, der zu der Zeit Lehrer an der höheren Töchterschule von Neustrelitz war und zwei Jahre später zum Pastor an der Stadtkirche ernannt wurde. 13 Jahre lebte das Paar in der Residenzstadt, bevor Minnas Mann 1876 Landpastor in Hinrichshagen wurde und beide in die Nähe von Woldegk zogen. Dort wurde Johannes Rüdiger Nachfolger von Philipp Wilhelm Prozell, der 1848 im Pfarrhaus die erste meteorologische Station betrieben hatte. Er wurde in Hinrichshagen auch Vater von zehn Kindern, von denen fünf beim Tod ihrer Mutter 1920 noch lebten.

Nachdem Minna nach 32-jähriger Ehe 1895 Witwe geworden war, zog sie nach Ablauf des sogenannten Gnadenjahres im Pastorat in ein Witwenhaus in Hinrichshagen. 1901 übersiedelte sie in ihre Heimatstadt Lübeck, wo sie zusammen mit ihrer unverheirateten älteren Schwester Marie Waack in dem Haus Charlottenstraße 11 lebte, welches ihr Vater nach seiner Pensionierung 1880 bezogen hatte. Den Unterhalt für sich und die noch im Haus lebenden Kinder verdiente sich die Pastorenwitwe als Schriftstellerin. Schon mit 14 hatte sie erste Gedichte verfasst. Noch zu Lebzeiten ihres Mannes hatte sie 1888 den Roman „Waltraud" veröffentlicht, in dem sie sich im Stil einer Chronistin der Aufzeichnungen des Pfarrers von Hinrichshagen annimmt.

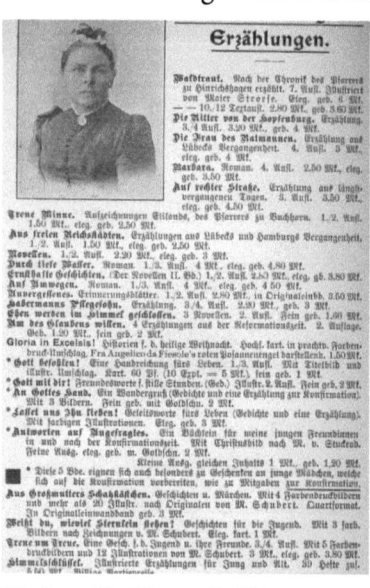

Werbung für Minnas Erzählungen aus dem Bahn-Verlag Schwerin

Hinrichshagen, genauer gesagt die mittelalterliche Burg des Dorfes, spielt auch in dem vier Jahre später veröffentlichten Buch „Die Ritter von der Hopfenburg" eine Rolle. Allerdings hat Minna die alte Grenzfestung dort ins Nachbardorf Oltschlott verlegt und zum Wohnsitz ihres Heinrich von Old-Schlott gemacht. In Neubrandenburg machte sie aus der seit 1415 urkundlich nachgewiesenen Hopfenburg, die seit Mitte des 19. Jahrhunderts eine Lohgerberei und davor ein Krug, eine Schen-

Die Ritter von der Hopfenburg   *Waltraud*

ke vor den Toren der Stadt, war, zum Stammsitz der namensge-
benden Ritter ihres Romans.

Eine Rekonstruktion der mittelalterlichen Burg Hinrichshagen

Die Beschreibung des Franziskanerklosters, das einer der wichtigsten Handlungsorte ihres Werkes ist, sowie von Orten wie der Plattenburg oder dem Beginenhof weisen auf die Ortskenntnis der Autorin hin, die zu Lebzeiten hohe Auflagen erzielte, deren Bücher aber heute weitgehend vergessen sind. Schon Vertretern der zeitgenössischen Literaturkritik erschienen ihre spezifisch christlichen Bücher als altmodisch. So urteilte der ebenfalls aus Schleswig stammende Schriftsteller Wilhelm Lobsien in seinem 1908 erschienenen Buch über die erzählende Kunst in Schleswig-Holstein: *„Sie schwimmt*

im Fahrwasser einer überwundenen Kunst, hat aber sehr interessante Beiträge zur Charakteristik altlübischen Volkslebens gegeben, die ihre anderen Bücher überdauern werden.“ Hinzufügen möchte man zum alten Lübecker Volksleben auch das alte Mecklenburger Volksleben. Spannend dürften da beispielsweise ihre 1909 bei Friedrich Bahn in Schwerin erschienenen „Rückblicke" sein, in der sie als wortgewandte Augenzeugin auf ihre Zeit als Pfarrfrau in Hinrichshagen schaut.

Im Franziskanerkloster, Aquarell von Hedwig Kurz um 1922

Das Buch ist heute noch für rund 50 Euro antiquarisch zu bekommen. „Waltraud" gibt es für etwa die Hälfte des Preises und „Die Ritter von der Hopfenburg" für circa ein Viertel. Booklooker ist eine gute Plattform, um nach Werken der fast vergessenen Pastorenfrau und -witwe Ausschau zu halten.

Lehrjahre für Herrenjahre
Ulrich Meyer: „Der Meister und sein Schüler"

Carl Brünslow

Die Lehrmeisterin, Friederike Brünslow, geborene Mohnke

Der Meister hieß Carl Brünslow. Der gebürtige Stralsunder hatte 1842 mit 31 Jahren die 1821 als Filiale der Neustrelitzer Buchhandlung von Ludwig Dümmler gegründete Neubrandenburger Buchhandlung übernommen und unter seinem Namen fortgeführt. Er gab bis 1845 ein „Praktisches Wochenblatt für Landwirtschaft, Gartenbau, Hauswirtschaft und Handel in landwirtschaftlichen Produkten" heraus und verlegte in seinem Kommissionsverlag die Erstlingswerke von Fritz Reuter. Er war Mitglied im Vorstand des Bürgerhospitalvereins, der St. Georg betrieb, des Landesvereins für Deutsche Invaliden und des Geselligen Vereins. Der Neubrandenburger Freimaurerloge „Zum Friedensbund" stand er elf Jahre als Meister vom Stuhl vor. Darüber hinaus war er ab 1875 bis zu seinem Tod 1883 der erste Standesbeamte der Viertorestadt. Nach seinem Tod verkaufte Friederike Brünslow das Geschäft an Max Schorß und Emil Brückner, der das Prädikat Hofbuchhändler erhielt und am 1. Dezember 1888 zum alleinigen Inhaber der Buchhandlung wurde.

Die Buchhandlung Carl Brünslow

Der Schüler war Ulrich Meyer. Der 1859 im ostthüringischen Zollgrün, damals Fürstentum Reuß, geborene Sohn eines Superintendenten, war von 1875 bis 1879 Lehrling bei Brünslow in Neubrandenburg. Als Zeitzeuge schildert er in seinem Buch unterhaltsam plaudernd seine Lehrjahre und das Leben in der ihm groß und bedeutsam vorkommenden Kleinstadt. Bei Carl Brünslow lernte der Junge, der 16 war, als er seine Lehre antrat, von der Pike auf den Beruf des Buchhändlers, aber auch den eines Verlegers und eines Bibliothekars. Brünslow gab Schulbücher heraus, aber auch naturgeschichtliche Arbeiten von Ernst Boll oder Neubrandenburgs Stadtchronik von dessen Bruder Franz Boll. Darüber hinaus betrieb Brünslow die erste Lese- und Leihbibliothek Neubrandenburgs.

Nach der Lehre ging Meyer als Gehilfe mit einem Monatsgehalt von 70 Mark für zwölfeinhalb Arbeitsstunden täglich ins Badische. 1891 wurde er neben dem evangelischen Pastor Ernst Evers Geschäftsführer der 1883 gegründeten Berliner Stadtmission Verlagsbuchhandlung. Zwei Jahre später machte sich der Buchhändler selbständig. Er gründete in Berlin-Kreuzberg, in der Blücherstraße 12, einen Verlag für Kolportageliteratur. Sein Anliegen war es, „jedermann aus dem Volk, insbesondere aber den Arbeitern, gute und gesunde Lektüre zu bieten und so gegen Schunderzeugnisse der Kolportageliteratur zu kämpfen." 1892 hatte er aus dem Anlass bereits die Gründung eines Vereins zur Verbreitung guter Kolportageliteratur initiiert.

Personal bei Brünslow 1876, in der Bildmitte der Lehrling Ulrich Meyer,
der sich im Buch Valentin nennt

1901 zog er seinen Verlag, den er in eine Kommanditgesellschaft umwandelte, aus dem Arbeiterbezirk Kreuzberg in das damals aufstrebende Schöneberg, das in den 30 Jahren seit der Gründung des Deutschen Reiches mehr als 92.000 Einwohner gewonnen hatte. Bei ihm erschien u. a. die von ihm als Redakteur betreute illustrierte Kinderzeitung „Sonntagsbote für die Jugend" und „Feierstunden", ein wöchentlich erscheinendes illustriertes Unterhaltungsblatt für jedermann. Dazu verlegte er

Titelblatt des Unterhaltungsblattes „Feierstunden"

mit „Aus der Franzosenzeit" und „Aus meiner Festungszeit" ins Hochdeutsch übertragene Werke Fritz Reuters, dessen Werke er bei Brünslow im Original kennengelernt hatte.

Ulrich Meyer war erfolgreich. 1906 wurde er bei der Gründung des Verbandes evangelischer Buchhändler dessen erster Vorstand. Zum Jahresende 1923, als ein Ei 320 Milliarden Reichsmark kostete, brachte Meyers Freund, der Berliner Verleger Heinrich Beenken, in der ihm gehörenden Verlagsbuchhandlung „Fr. Zillessen", die liebenswerten Erinnerungen des einstigen Brünslow-Lehrlings, heraus, *„trotz der traurigen Zeiten! Nein, gerade weil wir auf so harten und dunklen Wegen gehen müssen. Und weil solche heiteren Geschichten geeignet sind, hier mal paar Steine fortzuräumen, dort ein Stündlein uns Sonnenlicht auf den Weg zu zaubern",* wie der Autor im Vorwort schreibt.

Im Ruhestand zog Ulrich Meyer 1928 ins brandenburgische Kyritz, wo er 1931 in Alter von 72 Jahren starb.

Heutigen Lesern bieten die Jugenderinnerungen des Anfang des 20. Jahrhunderts namhaften und heute in Vergessenheit geratenen Verlegers, die auch zur Mecklenburgica-Sammlung der Regionalbibliothek gehören, einen intimen Einblick in den Mikrokosmos einer mecklenburgischen Kleinstadt, die gerade anfing, über ihre Stadtmauern hinaus zu wachsen, sowie einen Blick auf die Sehenswürdigkeiten der Stadt, von denen es zur beschriebenen Lehrzeit von Ulrich Meyer noch keine Ansichtskarten gab.

Vorhang auf!
Roman in drei Akten über den Mecklenburger „Theatergrafen" Carl von Hahn

Carl Friedrich Graf von Hahn

Das Buch des Demminer Autors Karl Schlösser endet mit den Worten: *„Vom Theatergrafen gibt es kein Bild."* Das mag für die Romanfigur des Franz Graf von Falk stimmen, nicht aber für dessen historisches Vorbild, Carl Friedrich Graf von Hahn. Auf der polnischen Webseite der Enzyklopädie Stettins findet sich neben einer Biografie des 1782 in Remplin geborenen Adeligen auch sein Bildnis. Das dortige Theater stand 1821 unter der Direktion des Grafen. Dessen eigene Schauspielgesellschaft begann dort am 7. Januar ihre Vorstellungen.

In Remplin, hier das Schloss um 1900, ließ Graf von Hahn für 60.000 Taler ein Liebhabertheater errichten.

Karl Schösser, der 2018 verstorbene Maler, Bildhauer und Schriftsteller, wollte weder eine Biografie schreiben, noch dem Theater-Hahn ein Denkmal setzen. Und doch tat er es. Zum Glück für die Leser des

Buches, denen er auch sprachlich ein plastisches, durchaus deftiges Lebens- und Sittenbild eines Außenseiters vermittelt, der sich im Roman mit Haut und Haar der Kunst und den Frauen und im wahren Leben mit Haus (Schloss) und Haar dem Theater verschrieben hat.

Neubrandenburgs Bürgermeistertochter Clara Müller, eine Zeitgenossin des schauspielernden Mecklenburger Landmarschalls, die als Bestsellerautorin Luise Mühlbach bekannt wurde und mehr als 250 Romane verfasste, schrieb über Hahn, dessen Theaterleidenschaft ihn fast ein nahezu komplettes fürstliches Vermögen kostete, dass seine nach einer Scheidung 1809 *„ihrer Reichtümer beraubte Familie nun ganz nach Neubrandenburg"* übersiedelte *„und der Theatergraf in die Welt wie Johann ohne Land [zog]"*. In Neubrandenburg hatte er schon Jahre zuvor als Junggeselle im Stadthaus des Bürgermeisters Toll in der Kleinen Wollweberstraße gewohnt, das später dem Bürgermeister Brückner gehörte und mit dessen Namen in die Stadtgeschichte einging, und sich bei *„Bällen, Réunions (Treffen), Schlittenpartien"* ausgelebt. Die waren, wie eine ausgelassene *„teuflische"* Schlittenfahrt mit einer Reihe von Gespannen und Teilnehmern in Höllenkostümen rund um die Marienkirche, teilweise so derb, dass nur die Zahlung einer hohen Geldstrafe ihn vor persönlicher Haft bewahrte. Der Theatergraf fühlte sich vom Pastor Samuel Alban angegriffen, der öffentlich gegen dessen Theater- und Schauspielwesen in der Viertorestadt gepredigt hatte.

Glücklich mit dem Roman von Karl Schlösser, der selbst eine Leidenschaft für das Theater hegte und zehn Jahre ein Amateurtheater seiner Heimatstadt leitete, dürften auch die Touristiker wie Touristen Mecklenburg-Vorpommerns sein, die, obwohl die Geschichte fiktiv ist, das Buch als Grundlage für eine Reiseroute auf den Spuren des Theatergrafen nutzen könnten: Remplin, Schwerin, Greifswald, Stralsund, Anklam, Neubrandenburg … und grenzüberschreitend Stettin. Dort überall bedeuteten Bühnenbretter die Welt, stand er als Intendant Theatern oder Schauspielgesellschaften vor.

Aus dem um 1780 errichteten Schauspielhaus, in dem der Theatergraf seine Schauspielgruppe auftreten ließ, wurde 1894 ein Medico mechanisches Institut.

Die nicht nur durch zahlreiche Anekdoten, sondern nun auch durch den lesenswerten Roman „Der Theatergraf" verfälschte Lebensgesichte des Grafen Carl von Hahn wartet eben-

Roman in drei Akten

so auf eine Berichtigung wie sein künstlerisches Streben noch auf eine Würdigung. Sicher wäre das ein dankbares Thema für eine Bachelor- oder Masterarbeit an der Hochschule für Musik und Theater in Rostock. Die böte dann möglicherweise – Stichwort Mäzenatentum – die eine oder andere Anregung für ihre Theaterpolitik des Landes und die durch sie in den letzten Jahren arg gebeutelte Theaterlandschaft im Nordosten Deutschlands.

America first

Seit 1893 steht auch in Chicago ein
drei Meter großer Reuter

Am 29. Mai hat Reuter Geburtstag, nicht der Dichter Fritz, aber immerhin sein Denkmal am Bahnhof. Am 29. Mai 1893 wurde es feierlich enthüllt.

Das Neubrandenburger Reuterdenkmal ist eine Arbeit von Martin Wolff.

Die überlebensgroße Bronzestatue des sitzenden Dichters war das erste Reuterdenkmal auf mecklenburgischem Boden. 1890 hatte der Vorstand der Plattdeutschen Vereine Deutschlands zu einem Wettbewerb für die Schaffung eines Reuterdenkmals aufgerufen. Die Jury hatte unter neun Entwürfen zu wählen und entschied sich für die Arbeit des Berliner Bildhauers Martin Wolff, des einzigen Sohnes des Mecklenburg-Strelitzer Bildhauers Albert Wolff, der 1904 auch die Friedrich-Ludwig-Jahn-Büste schuf, die seit ihrer Einweihung den Beginn der Jahnstraße markiert. Der Granitsockel für das Reuterdenkmal war von der Rostocker Firma Schraep geliefert und bereits am 7. Oktober 1892 am Wall nahe dem Bahnhof aufgestellt worden.

20 Jahre vor der Denkmalweihe hatte Fritz Reuter im Juni 1863 Neubrandenburg in Richtung Eisenach verlassen.

Ganze zwei Wochen vor jenem Dichterdenkmal in Neubrandenburg war am 14. Mai 1893 ein neun Fuß hohes Reutermonument in Anwesenheit von 50.000 Menschen im Humboldtpark von Chicago eingeweiht worden. Das vom Auswanderer Franz Engelsmann (1859-1920) geschaffene Denkmal war eine Auftragsarbeit einiger deutsch-amerikanischer Bürger Chicagos, die meinten, dass an den „preußischen Schriftsteller und Aktivisten" erinnert werden sollte, der aufgrund seiner politischen Aktivitäten vom preußischen Staat angeklagt und ursprünglich zum Tode verurteilt worden war. Sie hatten 1887 einen Wettbewerb veranstaltet, den Engelsmann gewann. Seine drei Meter hohe Bronzestatue, die in Nachbarschaft von Denkmalen für Goethe, Schiller, Lessing und Humboldt steht, zeigt Reuter, der ein Buch hält. In den dreißiger Jahren des vorigen Jahrhunderts wurden die vier bronzenen Zierplaketten vom Sockel des Denkmals gestohlen.

Das Reuterdenkmal von Chicago schuf Franz Engelsmann.

Franz Engelsmann, ein Einwohner Chicagos, war ein Student des in den Staaten als sehr bedeutend geltenden Bildhauers Augustus Saint-Gaudens (1848-1907).

Und noch etwas ist mit Bezug auf Amerika (be-)merkenswert: Die „Fritz Reuter Lifecare Retirement Commmunity" in North Bergen, New Jersey, wurde 1897 als „Fritz Reuter Altenheim" vom „Plattduetsche Volksfestvereen of New York and New Jersey" gegründet. Auf deren Anlage steht ein weiteres Denkmal für den Dichter, eine Büste auf einem Steinsockel. Dessen Schöpfer ist allerdings nicht zu ermitteln.

Reuters Geburtsstadt Stavenhagen erhielt erst 1911 sein Reuterdenkmal. Die Ähnlichkeit der von Wilhelm Wandschneider gestalteten Figur, die ebenfalls auf einem Sockel sitzt, ist kein Zufall. Wandschneider war am Anfang der 1890er Jahre, als Martin Wolff am Neubrandenburger Denkmal arbeitete, dessen Gehilfe in der Berliner Werkstatt. Seit 2004 verfügt auch Rostock in Reutershagen über ein Reuterdenkmal, geschaffen von Thomas Jastram.

Das Stavenhagener Reuterdenkmal ist eine Arbeit von Wilhelm Wandschneider.

Onkel Engels und Opa Lüderitz
Verwandt mit Kolonialpionier und Kommunistenführer

D er Besitzer des vor den Mauern der Viertorestadt gelegenen Mecklenburg-Schweriner Lehngutes Kalübbe muss in größten Schwierigkeiten gesteckt haben, als er 1888 in den Vereinigten Staaten auf ungewöhnliche Art Hilfe suchte. Auf den Redakteur der seit 1876 in New York sowohl in deutscher wie auch in englischer Sprache erscheinenden Wochenzeitung „Puck" muss die Bitte wie eine Realsatire gewirkt haben. Wohl deshalb räumte er der Sache des Mecklenburgers Anfang Mai einige Zeilen in der aktuellen Ausgabe seines Blattes ein: *„Ein adliger Gutsbesitzer in Kalübbe bei Neubrandenburg,"* schrieb er, *„welcher unverschuldet in bittere Noth geraten zu sein vorgibt, richtet im Annoncen-Wege an die deutschen Brüder in Amerika die bescheidene Bitte um die Kleinigkeit von $ 6000 und stützt sich auf den Psalm 125: ‚Der Herr erhält Alle, die da fallen, und richtet auf Alle, die niedergeschlagen sind.'"* Und ironisch fügte er weiter an: *„Wenn der ‚Herr' das wirklich thut, was braucht es da der Brüder in Amerika? Und wie kann ein Gutsbesitzer sich unverschuldet in Noth befinden?"*

Was kann Maximilian Carl Jacob von Rüdiger veranlasst haben, seine „amerikanischen Brüder" anzupumpen und nicht beim Opa seiner Frau Luise um Geld zu fragen? Deren Großvater war niemand

Seite der Wochenzeitung „Puck" mit der Nachricht aus Kalübbe in der Mittelspalte

Der „Gründer" von Deutsch-Südwestafrika, Franz Adolf Eduard Lüderitz, war verwandt mit dem „Bettler" von Kalübbe.

Geringeres als Franz Adolf Eduard Lüderitz, der Bremer Großkaufmann und erste deutsche Landbesitzer im heutigen Namibia. Mit dem Kauf der Bucht von Angra Pequena, der heutigen Lüderitzbucht, und fünf Meilen Hinterland, legte der Tabakhändler 1883 den Grundstein für die Kolonie Deutsch-Südwestafrika. Auch wenn der Kolonialpionier drei Jahre später bei einem Bootsunfall während einer neuen Expedition ertrank und seine Leiche nie gefunden wurde, dürfte in der Familie ausreichend Geld vorhanden gewesen sein. Zum einen hatte Adolf Lüderitz noch 1885 der deutschen Kolonialgesellschaft seine Besitzungen für 500.000 Mark und zugesicherten Handelsrechten verkauft. Zum anderen war auch seine Frau Emilie Elise (Emmy), eine geborene von Lingen, nicht arm. 1866 hatte er die vermögende Bremerin geheiratet.

Das Geld, das Maximilian von Rüdiger so dringend brauchte, dürfte er nicht bekommen haben. 1890 starb er, gerade einmal 42 Jahre alt. Neben der 25-jährigen Witwe, die er sechs Jahre zuvor geheiratet hatte, hinterließ er mit Else Wilhelmine Emma von Rüdiger eine sechsjährige Tochter und einen dreijährigen Sohn. Zwischen 1892 und 1895 wird dieser in den Mecklenburg-Schwerinern Staatskalendern als Besitzer von Kalübbe geführt, bis ein Jahr später Dr. med. Adolf von Griesheim als neuer Eigentümer genannt wird.

Der Königlich-Preußische Assistenzarzt und Oberleutnant a.D. war Sohn des gleichnamigen Industriellen aus Hamm, der

1840 als Lehrling in die Engelskirchener Textilfabrik Ermen & Engels eintrat, die zum Teil Friedrich Engels (sen.) gehörte, dem Vater des später als Kommunistenführer bekannt gewordenen gleichnamigen Sohnes. Friedrich Engels (sen.) förderte neben diesem Jungen zumindest zwei weitere seiner drei Brüder. Einem besorgte er eine Ausbildung in Manchester. Einem anderen griff er finanziell unter die Arme. Die heranwachsenden von Griesheims waren seine Neffen. Adolf von Griesheim (sen.) wurde später Teilhaber und Geschäftsführer dieser Firma, die nach Friedrich Engels (sen.) zu dessen Erbe gehörte. Doch nicht nur geschäftlich war der alte Griesheim mit der Familie Engels ver-

bunden. 1848 heiratete er Anna Engels und wurde Schwager des Karl-Marx-Freundes. Als diese 1853 im Alter von 28 Jahren starb, ehelichte er kaum zwölf Monate später deren jüngere Schwester Elise, die Mutter von Adolf von Griesheim (jun.), des Arztes, der Kalübbe erwarb. Zum zweiten Mal hatte der alte Griesheim den gleichaltrigen Friedrich Engels zu seinem Schwager gemacht. Drei

Friedrich Engels war dreifach verschwägert mit der Familie von Griesheim auf Kalübbe.

Jahre später „beförderte" er ihn auch zum Onkel. Adolf von Griesheim (sen.) verstand sich gut mit dem Bruder seiner Frau. Nach dem Erscheinen der letzten Ausgabe der „Neuen Rheinischen Zeitung" am 19. Mai 1849 schrieb er an Engels (jun.): *„Daß die letzte Rheinische roth erschien, war ein guter Witz. Ich habe mein Exemplar verschenkt, hätte ich jedoch gewußt, daß gefühlvolle Seelen das Stück mit einem Thaler bezahlt haben, hätte ich sie verkauft."*

Friedrich Engels Neffe Adolf von Griesheim (jun.), der 1882 in Bonn mit dem Thema „Künstliche Befruchtung der Eier von Rana fusca mit Samen von verschiedener Concentration" promovierte, also über die Fortpflanzung des braunen Grasfrosches, heiratete 1886 in Leutesdorf am Rhein Alice Blank. Sie war die jüngste Tochter des Kaufmanns Carl Emil Blank aus Barmen, der 1845 mit Marie Engels die Lieblingsschwester von Friedrich Engels geehelicht hatte. Sowohl Braut als auch Bräutigam konnten damit auch einen gemeinsamen reichen Onkel vorweisen, der sich selbst rühmte, in 25 Sprachen „parlieren" zu können. Als das „schwarze Schaf" der Familie 1895 in Manchester starb, wo er wie Jekyll und Hyde ein Doppelleben führte, tags als erfolgreicher Kapitalist, Champagner schlürfend, Prostituierte besuchend sowie Fuchsjagden reitend, und nachts als sozialistischer Utopist, haben Neffe und Nichte Adolf und Alice von Griesheim keinen Penny geerbt. Einen größeren Geldbetrag erhielt mit Mary Ellen Rosher eine andere Nichte, mit deren Mutter und Tante er in einer Dreierbeziehung gelebt hatte.

Als Adolf und Alice Griesheim 1896 Kalübbe übernahmen, dürfte der Kaufpreis nicht der höchste gewesen sein. Der 670 Hektar große Besitz, zu dem auch noch das Vorwerk Neuhof gehörte, war ein sogenanntes „rollendes Gut". Es war seit der Mitte des 18. Jahrhunderts nie über viele Jahre im Besitz einer Familie. Die Herren kamen und gingen, was auf Probleme mit der Wirtschaftlichkeit des Betriebes deutet. Dafür spricht auch, dass Adolf und Alice auf Neuerungen setzten. Er züchtete das deutsche veredelte Landschwein, eine weiße Rasse, die um 1890 aufkam und einen großräumigen Körperbau aufwies, das heißt, fett war. Sie hatte sich der Zucht von amerikanischen Leghorn-Hühnern verschrieben, deren Hennen nicht nur durchschnittlich 200 Eier im Jahr legten, sondern auch noch bis zu 2,2 Kilogramm Fleisch auf die Waage brachten. Und auch beider Tochter Alice (jun.), die 1914 Karl August von Michael auf Ganzkow heiratete,

besaß einen Hang zur Landwirtschaft. Sie erfand ein Insekten-
bekämpfungsmittel bestehend aus fein vermahlenen Kieselsäu-
remineralien, das den Rapsglanzkäfern, Rüssel- und Kartoffel-
käfern den Garaus machen sollte. Überdies beseitigte Adolf von
Griesheim den Investitionsstau auf Kalübbe. Er engagierte den
damals gefragtesten Architekten Mecklenburgs. Paul Korff mo-
dernisierte nicht nur das in die Jahre gekommene Gutshaus und
sorgte dort für einen modernen Anbau. Er baute auch ein großes
Stallgebäude, ein mit einem Wasserturm verbundenes Maschi-
nenhaus, Arbeiterkaten und eine Schnitterkaserne.

*1896 kaufte Adolf von Griesheim das Gut Kalübbe vor den Toren Neubranden-
burgs. Er ließ durch den damaligen Stararchitekten Paul Korff das herunter-
gewirtschaftete Gut modernisieren. Das Gut wurde durchgebaut und auf der
linken Seite erweitert. Auf dem Wirtschaftshof entstanden ein moderner Wasserturm und eine Stallanlage.*

An den Bau erinnern   *Erinnerung an die Vergangenheit*
Jahreszahl und Monogramm   *sind auch noch große erhaltene Teile*
am Stallgiebel.   *der ehemaligen Gutsmauer.*

Ebenso im Dorf zu finden ist die 1907 gebaute und heute leerstehende Schnitterkaserne. Im April 2016 war die Schnitterkaserne Ziel eines großen Polizeieinsatzes der Kriminalpolizeiinspektion Neubrandenburg. 26 Polizisten, zum Teil vermummt, stürmten das Objekt. Sie suchten Cannabis. Zwei Frauen standen im Verdacht, gegen das Betäubungsmittelgesetzt verstoßen zu haben.

Besitzer von Kalübbe

1779-1783 – Familie von Gundlach

1783-1803 – Familie von Engel

1803-1815 – Wilhelm Friedrich Bernhard Julius von Linstow

1815-1830 – Hermann Johann Friedrich Blank

1830-1848 – Rudolph Ludwig Grisebach

1848-1859 – Hermann Wackerow

1859-1884 – Carl August Heinrich Berlin

1884-1890 – Maximilian Carl [von] Rüdiger

1890-1895 – Herbert [von] Rüdiger

1896-1926 – Adolf von Griesheim

1926-1936 – Alice von Griesheim

1936-1945 – Adolf Kurt Vitilo von Griesheim

Schatten auf dem Namen Siemerling
Die schwarzen Schafe einer sozial eingestellten Familie

Fein säuberlich mit Hand geschrieben sind 40 Seiten eines DIN-A4-großen Heftes, das noch heute in verschiedenen Kopien in Trollenhagen und umliegenden Dörfern kursiert und von Haus zu Haus wandert. Es sind die 1916 niedergeschriebenen Lebenserinnerungen eines ritterschaftlichen Lehrers. 1832 in Burg Stargard geboren, 1918 in Röbel gestorben, werfen die Zeilen von Karl Wilhelm Heinrich Mieritz einen dunklen Schatten auf den Namen Siemerling, der mit dem 1994 erstmals vergebenen und bislang einzigen Sozialpreis in Mecklenburg-Vorpommern verknüpft ist.

Gestiftet vom Neubrandenburger Dreikönigsverein soll der Preis *„innovative und effektive Projekte und Initiativen im sozialen Bereich würdigen und engagierte Personen oder Gruppen auszeichnen."* *„Die Namensgebung"*, so der Verein, *„verfolgt das Ziel, den Sozialpreis mit einer Persönlichkeit aus Mecklenburg-Vorpommern zu verbinden, die sich in außergewöhnlicher Weise um soziale und kulturelle Belange verdient gemacht hat."* Und weiter: *„Mitglieder der Familie Siemerling wirkten seit dem 18. Jahrhundert über mehrere Generationen als Ärzte, Apotheker,*

Viktor Siemerling

Kaufleute und Bankiers für die Förderung des städtischen Gemeinwesens, des wirtschaftlichen Aufschwungs und des geistigen Lebens."

Lebensläufe wie die von Dr. med. Christian Siemerling (1719-1796), Dr. med. Christian Friedrich Siemerling (1752-1823), Ludwig Siemerling (1791-1863) und vor allem

Dr. phil. Viktor Siemerling (1823-1879) bestätigen diese Aussage, denen die Erinnerungen des ehemaligen Lehrers gegenüberstehen.

1859 nahm Karl Mieritz, ein gelernter Tischler, der im Rettungshaus Gehlsdorf bei Rostock, einer Einrichtung der Inneren Mission, *„im Allernötigsten, was ein Lehrer wissen muss"* ausgebildet wurde, die Landschulstelle in Podewall an, dessen Gut zu diesem Zeitpunkt im Besitz von Carl Hoth war, der es 1861 an einen Herrn Bade verkaufte. Von dem erwarb es kurze Zeit später der Neubrandenburger Advokat Ludolf Siemerling, Herr auf Trollenhagen.

1848 erbte Marie Siemerling, Frau des Neubrandenburger Rechtsanwaltes Dr. jur. Ludolf Siemerling, von Ihrem Bruder Wilhelm Carl Johann Georg Koch das Gut Trollenhagen. Nächster Gutsbesitzer wurde 1881 Ludolfs und Maries Sohn, Dr. jur. Otto Siemerling. Als er starb, ging es 1916 an seinen Neffen, Dr. jur. Rudolf Grisebach.

„Dr. Siemerling", ist in den Erinnerungen des Lehrers zu lesen, *„war ein studierter Rechtsanwalt, der die Lücken des Gesetzes wohl kannte. Sein Ruf als Tyrann war ihm schon vorausgeeilt. Selbst mit den Besitzern der umliegenden Güter pflegte er keinerlei Verkehr. Seine Untergebenen fürchteten ihn. Als Podewall in*

seinen Besitz gelangte, machten sich viele Einwohner davon. Der Weber, der Stellmacher und der Schäfer wanderten nach Amerika aus. Nur der Ziegler blieb." Und weiter: „*Gerne wäre er auch den Lehrer los gewesen.*" Das gelang ihm zwar nicht, aber er schaffte es, mit dem Versprechen eine neue Schule in Trollenhagen bauen zu lassen, die Einwilligung der Regierung zum Schließen der Schule in Podewall zu erhalten. Über die Qualität des Neubaus

Die Schule in Trollenhagen wurde 1866 für die Kinder der Gutsdörfer Trollenhagen, Podewall und Buchhof sowie des Vorwerks Hellfeld gebaut.

schrieb Mieritz: „*Der Bauplatz, auf dem das Schulhaus gebaut worden war, war früher ein Wasserloch gewesen und später mit Erde und Schutt ausgefüllt worden. Der Stall grenzte an meine Schlafkammer. Die Wand dazwischen war aus Luftziegeln, sogenannten Kluten, aufgezogen. Später höhlten Ratten diese Ziegel aus, und die Schweinejauche trieb in meine Kammer. Wenn ich in der Wohnstube aus dem Fußboden einen Stein aufhob, lief das Loch voll Wasser.*"

Wenig rücksichtsvoll ging Ludolf Siemerling mit seinen Gutsarbeitern um. „*Die armen Tagelöhner konnten nicht fort, denn wenn sie ihre Entlassung erhielten, so konnten sie das ganze Land vergebens nach einer Arbeitsstelle und damit nach einer Un-*

terkunft absuchen. Niemand würde sie aufnehmen. Fritz Reuter hat eine Dichtung geschrieben namens ‚Kein Hüsung'. Wer sie liest, mag vielleicht denken, er hätte sich das nur ausgedacht. Mag wahr sein, was den Ort und die Personen angeht, aber es war damals wirklich so. Ich könnte ein dickes Buch darüber schreiben." Mieritz selbst wurde von Siemerling vor die Alternative gestellt, statt vereinbarter 80 Taler Jahresgehalt 50 zu akzeptieren oder die Entlassung hinzunehmen, wissend, dass er in Mecklenburg keine neue Stelle erhalten würde. Die Ironie der Geschichte, die Karl Mieritz sicher nicht bekannt war: Viktor Siemerling, Ludolfs Verwandter in Neubrandenburg, hatte Fritz Reuter das Geld für den Druck von „Kein Hüsung" gegeben.

Ein soziales Gewissen war Ludolf Siemerling scheinbar fremd. Nicht nur, dass er zwei alte Leute, denen der Mann bzw. die Frau gestorben waren, zwang, einander zu heiraten, um eine Wohnung frei zu bekommen, er ließ auch die Post seiner Leute aus der Stadt abholen und kontrollierte sie. *„Einmal erhielt ich einen Brief von einem Inspektor, der früher bei Herrn Siemerling in Dienst gestanden hatte. Mein Patron hatte nun seine Handschrift erkannt und den Brief geöffnet. Um keine Unannehmlichkeiten zu haben, ließ er mich rufen, zeigte mir den Brief und meinte, es stehe nichts Besonderes darin, es lohne sich nicht, ihn zu lesen. Mit diesen Worten zerriss er den Brief und warf ihn in den Papierkorb. Es kam den Herrn also darauf an, alle Post zu überprüfen, die seine Leute erhielten, um schädigende Einflüsse von draußen von ihnen fern zu halten. Ob Ähnliches auch mit den Briefen aus Amerika geschehen ist, weiß ich nicht, muss es aber annehmen."* Geholfen hat es scheinbar wenig. *„In den sechziger Jahren des 19. Jahrhunderts war die Zahl der Auswanderer besonders groß. In meinem Dorf [Trollenhagen] wanderten in einem Herbst elf Familien aus."* Zwischen 1846 und 1914 wurden aus dem Dorf, das 1871 noch 228 Einwohner zählte, 214 Auswanderer erfasst.

Jungen Leuten, die nach Abschluss der Schule in die Lehre oder in einen anderen Dienst als auf das Gut wollten, nahm er nach der Konfirmation die Perspektive. Nach der Feier am Palmsonntag mussten die Mädchen und Jungen mit den Eltern zur Herrschaft kommen. *Jeder einzelne wurde genau befragt. Da ergab sich dann oftmals folgendes Gespräch: ‚Na, wo bleibst du? ' ‚Ich soll Stellmacher werden, der Vater hat schon mit dem Meister gesprochen'. ‚Nein, mein Junge, dazu bist du noch zu jung. Tagelöhner. J. braucht einen Hofgänger, bei diesem dienst du erst ein paar Jahre und verdienst dir das Lehrgeld!' Oder ein Mädchen musste hören, dass sie ihre Dienststellung bei der Frau Pastorin nicht antreten durfte, da sie der Herr für das Kleinvieh brauchte und sie für diese Arbeit sehr gut passte. Der Vater musste also den Dienst bei der Frau Pastorin absagen. So ging es immer weiter, jeder musste sich fügen",* schrieb Karl Mieritz und fragte: *„Ist es da ein Wunder, dass die Leute durch die ungerechte Behandlung die Liebe zur Heimat verloren?"*

Nicht besser als der Vater kommt der Sohn Dr. jur. Otto Siemerling in den Erinnerungen davon, der 1881 das Erbe seines Vaters Ludolf antrat. *„Ich weiß keinen Armen auf seinen Gütern, dem der Herr eine Wohltat erwiesen hätte."* Voller Ironie und bitteren Sarkasmus notierte Karl Mieritz als Beispiel die Geschichte einer Weihnachtsbescherung durch die neue Herrschaft. *„… damit man ihre Herzensgüte anderwärts preise, haben sie sich entschlossen, den Dorfkindern von ihren Gütern eine Weihnachtsfreude zu bereiten. Freilich beiwohnen können sie dieser Beschwerung nicht, denn alle Winter verbringen sie in der Schweiz oder in Italien. Etwa 14 Tage vor dem Fest rüsten sie sich für die Fahrt dorthin. Da lässt der Herr mich rufen. Mit einer pomphaften Rede versichert er mir, dass ihm das Wohl seiner Arbeiter und die Erziehung der Kinder zu tugendsamen Menschen am Herzen liegen. Er habe sich daher entschlossen, den Kindern seiner Güter und damit auch ihren Eltern eine Weihnachtsfreude zu bereiten. Der*

Jäger solle einen Tannenbaum aus dem Wald holen – die Leute aus dem Dorf bekamen keinen geschenkt, sie stahlen sich einen und feierten mit diesem gestohlenen Baum zu Ehren des Heilands das Fest. Um den Baum für die Bescherung zu schmücken, händigte der Herr mir zehn Mark aus, für 80 Kinder! Auch ein Korb voll Abfalläpfel wurde geliefert. Zu dieser Feier sollte auch der Herr Pastor eingeladen werden, der die Leute wahren sollte, ihre Kinder in Gottesfurcht zu erziehen. Was sollte ich aber für zehn Mark für diese große Kinderschar kaufen? Etwas über eine Mark musste ich für Lichter ausgeben, da gab es für jedes Kind eine Zuckerpuppe, und für den Rest des Geldes kaufte ich Pfeffernüsse... Für meine Mühe und Sorge hatte ich nichts als Misstrauen der Eltern, die der Meinung waren, dass ich wenigstens die Hälfte des Geldes in meine Tasche habe gleiten lassen."

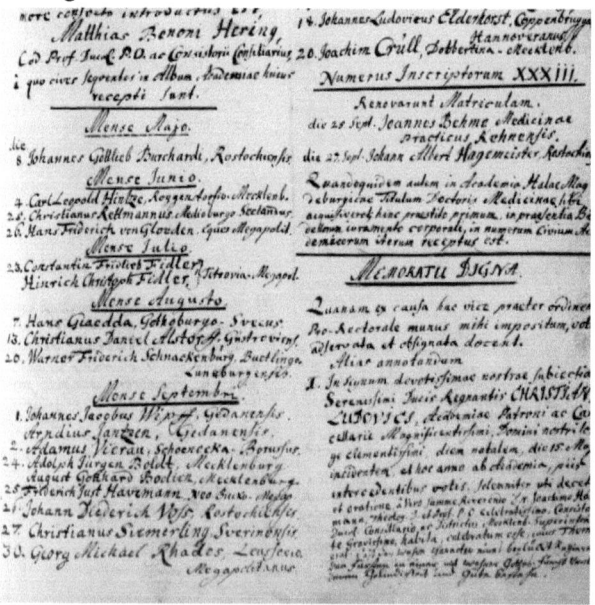

Rostocker Matrikeleintrag von Christian Siemerling. Der 1719 in Schwerin geborene Christian war Arzt und Apotheker. Seine Apothekenlehre absolvierte er in Güstrow. Dann studierte er Medizin in Straßburg und Paris. 1749 promovierte er in Rostock, bevor er als praktischer Arzt in Neubrandenburg arbeitete, wo er 1796 verstarb. Er gilt als Begründer des Geschäfts Siemerling in der Viertorestadt.

Noch heute erinnern zwei Grabsteine an die Familie Siemerling, der kleine an Marie, geborene Koch, der große an ihren Ehemann Ludolf und Tochter Minna.

Wenn über Christian Siemerling in Neubrandenburg gesagt wird, dass er ein einfacher und bescheidener Mann war, der nichts für sich suchte, sondern ganz auf das Wohl seiner Mitmenschen bedacht war, man seinen Sohn Christian Friedrich für seinen Einsatz zum Wohl der Landbevölkerung ehrte und dessen Enkel Viktor als stets bedacht um die Förderung des Gemeinwesens und den wirtschaftlichen Aufschwung beschrieb, dann sind es diese Siemerlings, an die man immer wieder erinnern sollte. Vergessen sollte man neben den Lichtgestalten aber auch nicht die Schattenträger. Nur beide Seiten der Medaille ergeben ein differenziertes Bild.

2017 veröffentlichte der Trollenhagener Ortschronist Roland Pöschel die „Erinnerungen des ritterschaftlichen Lehrers Karl-Wilhelm-Heinrich Mieritz" als Heft 48 der Schriftenreihe des Regionalmuseums Neubrandenburg.

Am 14. Oktober 1959 heiratete Lehrer Mieritz Auguste Wollmuth aus Gransee.

Baden mit und ohne (Geld)
Badehaus blickt auf 175 Jahre

D as Badehaus feiert Geburtstag. 2020 kann es auf eine 175-jährige Geschichte zurückblicken. 1844 ließ die Stadt die Plattenburg abreißen. In dem ursprünglich aus dem 14. Jahrhundert stammenden festen Gebäude am Marienkirchplatz, das beim großen Stadtbrand von 1676 ein Raub der Flammen geworden war und danach wiederaufgebaut wurde, war im Mittelalter das Rüstzeug der Bürger für den Kriegsfall gelagert worden, ihre Harnische, Plattenröcke und Plattenpanzer, die Brigantinen und Kettenhemden. Es fanden dort aber auch Bürgeransprachen statt.

Die in ihrer Substanz noch guten Steine und Balken sollten auf Beschluss der *„ehrsamen Repräsentanten"* für den Bau einer Badeanstalt am Tollensesee genutzt werden. Mit der Umsetzung des Beschlusses wurde der Senator und Stadtkämmerer Hahn beauftragt. Sommerbeginn 1845 war der Auftrag erledigt. Unter dem Datum des 5. Juli ist in den alten Ratsprotokollen zu lesen: *„Nachdem nunmehr das Badehaus in der Tollense hergestellt worden, vernothwendigt es sich nähere Bestimmung über die Benutzung desselben ergehen zu erlassen."*

Es wurde daraufhin eine sieben Punkte umfassende Badeordnung beschlossen. Danach durften vormittags bis 10 Uhr die Damen baden, ab 11 Uhr bis abends die Herren. Der Preis pro Badetag betrug drei Schillinge, für Kinder zwei. Das Saison-Abo kostete einen Reichstaler. Badetücher konnten ausgeliehen werden. Zwei Drittel der Einkünfte sicherte sich die Stadt. Das andere Drittel war der Lohn für den Badeaufseher. Und Badeaufseher wurde der Schankwirt, der in dem Haus wohnte, das aus dem beim Abriss der Plattenburg gewonnenen Baumaterial errichtet worden war und erst später den Namen „Badehaus" erhielt. Das richtige Badehaus stand als Teil der Badeanstalt direkt im See.

Da es im Winter wiederholt durch Eisgang beschäftigt worden war, ließ die Stadt 1850 durch den 1795 in Anklam geborenen Greifswalder Schiffsbaumeister Johann Daniel Gaede ein Badeschiff bauen. Doch auch das Badeschiff schien nicht die Lösung zu bringen. Häufig musste es repariert werden.

Postkarte der „Badeanstalt" um 1900

1865 wurde dann das Badeschiff wieder durch ein hölzernes Badehaus im See ersetzt, zumal auch mehrere Erweiterungen der Badeanstalt für die weiter gewachsenen Badebedürfnisse der Neubrandenburger gesprochen hatten.

Die Einwohner der Stadt liebten ihre Badeanstalt und ihr Badehaus vom ersten Augenblick an, wie die Umsätze belegen.

Postkarte des „Herrenbades" um 1900

In einer nur dreimonatigen Saison konnte die Stadt zwei Jahre nach Eröffnung 214 Taler und 9 Schilling verbuchen, während Schankwirt Paetow 107 Taler und vier Schilling verdiente.

Doch nicht immer war das Wetter dem Badepächter hold. Dann musste der Badewirt die Verluste durch das Schankgeschäft kompensieren und auf Hunger und Durst der Spaziergänger setzen. Und wenn auch nicht genügend Spaziergänger einkehrten, blieb nur die Bitte an die Stadt, die Pacht zu senken.

Wer für den Sprung in den kühlen See nicht bezahlen wollte oder konnte, dem blieb das Badehaus verwehrt und er musste sich andere Badestellen suchen. 1880 entstand eine Freibadeanstalt am Gätenbach. Hier gab es zwar keine Kabinen zum Umziehen und keinen kühlen Trunk, aber auch keinen Eintritt.

Nachdem 1899 eine Petition vom Magistrat der Stadt eine Frauenbadeanstalt gefordert wurde – den Damen reichten die wenigen Badestunden am Badehaus nicht – wurde Baumeister Seegert mit der Errichtung einer zweiten Badeanstalt beauftragt. Am 8. März 1901 – der erste Frauentag wurde erst zehn Jahre später begangen – berichtete die Neubrandenburger Zeitung, dass die zweite Badeanstalt am Tollensesee *„für die Damen"* bestimmt war. Sie war mit einem hohen Bretterzaun von der Herrenbadeanstalt getrennt und verfügte über elf Kabinen. 1914

Postkarte vom „Strandbad" am Badehaus

wurde zwischen dem Herren- und dem Damenbad noch eine Familienbadeanstalt angelegt.

Das heutige Badehaus ist ein Kind des Jahres 2000. Liane und Norbert Hein ließen 1999 das in die Jahre gekommene marode Badehaus, das nach der Wende 1989 in einen Dornröschenschlaf und damit immer mehr und mehr verfallen war, abreißen, um das Badehaus in neuer Gestalt aufzubauen und ihm so eine gute Zukunft zu sichern.

Blick auf „Badehaus" und „Badeanstalt", Fliegeraufnahme 1935

Aus alten Ratsprotokollen

08.01.1889, Nr. 36
Der Badehausbesitzer Schultz habe um Abminderung
der angelobten Jahrespacht gebeten.
Beschluss:
Das Gesuch ist den E R. [Ehrsamen Repräsentanten] zur Erklärung
mitzutheilen, mit der Empfehlung für das
Jahr 1888 eine Abminderung der Pacht
auf 600 M[ark] zuzugestehen.

1889, Nr. 62.
Mit dem Vorschlage des Magistrates, die
Pacht für das Badehaus pro 1888 mit Rücksicht

auf das Emissionsgesuch des Pächters Schultz von
7. d[es]. M[onats]. auf 600 M[ark] abzumindern, hätten die
E R. [Ehrsamen Repräsentanten] sich einverstanden erklärt.

Beschluss
Dem Schultz soll diese Abminderung auf
600 M gewährt werden, wenn er sich
verpflichtet, sich den Frostschutz reinigen
zu lassen u. pro 1889 den
Frostschutz ausüben, soweit er dazu in
der Nähe des Badehauses Gelegenheit
hat.

03.05.1893, Nr. 206
Den E. R. ist noch mitgetheilt, daß der
Fabrikbesitzer Eugen Kalbe zu Berlin um
käufliche Überlassung des Terrains am See
zwischen dem Badehaus u. dem Gätenbach
in Größe von etwa 3 Morgen zum Zwecke
der Erbauung einer Villa gebeten,
daß der Magistrat aber beschlossen habe, auf
diesen Antrag nicht einzugehen u. zwar
mit Rücksicht auf die unmittelbare Nähe
der städtischen Badeanstalt.
Die E R. erklärten, daß auch sie
den Antrag nicht für gewährlich halten
könnten.

17.04.1905, Nr. 234
Bei der Rückgabe des Badehauses
durch den bisherigen
Pächter [bisheriger Pächter Schultz] schlage die
Kämmerei-Verwaltung den Ankauf
und die Übernahme einer

Anzahl der von dem bisherigen
Pächter gemachten
Verbesserungen des Pachtgrundstücks vor.
Beschluss
Den Ehrsamen Repräsentanten soll der
Ankauf vorgeschlagen werden.

Das „Badehaus", Aufnahme 1908

18.01.1910, Nr. 40
Den von dem Badehauspächter Benz [Pächter seit 1905] erbetenen
Pachtnachlaß lehnen sie ab.
Beschluss

01.02.1910, Nr. 99
Der Badehauspächter Benz beantragt Entlassung aus dem Pacht-
vertrag.
Beschluss
Die Entlassung zum 1. April d[es]. J[ahres]. soll von Erreichung
eines angemessenen Gebots in einem Meistgebotstermin abhängig
gemacht werden.
Benz ist Nachricht zu geben.

09.03.1910, Nr. 193
Im Verpachtungstermin betr. die städt. Badeanstalt sind von Pri-
vater Starck 2300 M

Flaschenbierhändler Schultz 2350 M und vom bisherigen Bade-
hauspächter Benz 2340 M Pacht für die 10 Jahre 1910-1920 gebo-
ten. Der Magistrat will dem Badepächter Benz den Zuschlag auf
sein Gebot erteilen.

Beschluss
Den Ehrsamen Repräsentanten soll Genehmigung der Zuschlags-
erteilung für ein Gebot von 2340 M vorgeschlagen werden.

22.03.1910, Nr. 224
Mit der Zuschlagerteilung an den Badehauspächter Benz für wei-
tere 10 Jahre haben sie sich unter Bedingungen bestimmter Eröff-
nungen an ihn einverstanden erklärt.
Beschluss
Die Neuverpachtung ist nunmehr auszuführen.

03.06.1919, Nr. 216
Der Badehauspächter Benz hat beantragt eine Erhöhung der Ba-
depreise für Erwachsene im Abonnement von 5 auf 6 M
Einzelne von 20 auf 30 Pfg. [Pfennig]
für Schüler und Schülerinnen
Einzelne einheitlich auf 15 Pfg. vorzunehmen.
Beschluss
Den Stadtverordneten ist Genehmigung vorzuschlagen.

Restaurant und Biergarten Badehaus

Zeltplatz wird 700 Jahre alt
Wurzeln von Gatsch Eck reichen bis ins Jahr 1330

Einen Schatz direkt am Ufer des silbern glänzenden Tollensesee wird man in Gatsch Eck momentan eher nicht mehr finden. Der einige Jahre direkt an den Bootsstegen versteckte Geocache mit der Bezeichnung GC63PN1 ist im September 2017 aufgegeben worden. Doch am Campingplatz warten noch zwei weitere solcher Schätze auf die GPS-gesteuerten Schnitzeljäger.

Postkarte vom Campingplatz Gatsch Eck aus dem Jahr 1989

Den Beschreibungen zweier für die satellitengesteuerten Jäger versteckten Trophäen ist zu entnehmen, dass der Campingplatz 1960 angelegt worden sein soll.

Mit einer Halbinsel in dem Neubrandenburg gehörenden Tollensesee ist der Platz gut gewählt. Jungfräulich war die Nutzung aber vor gut 60 Jahren nicht. Der Platz spielte schon in slawischer Zeit eine nicht ganz unbedeutende Rolle.

Die Spitze der Halbinsel Gatsch Eck

Der 2008 verstorbene polnische Archäologe Witold Hensel spricht in einem 1975 veröffentlichten Beitrag im „Slavia Antiqua", einem seit 1948 erscheinenden Jahrbuch der Adam-Mickiewicz-Universität Poznań, von einer *„Abschnittsbefestigung"*, die es auf der Halbinsel Gatsch Eck gegeben haben soll. Dabei bezieht er sich auf den 2010 verstorbenen Prähistoriker Professor Joachim Hermann. Der Direktor des Zentralinstituts für Alte Geschichte und Archäologie der DDR-Akademie der Wissenschaften war 1971 mit der Hypothese an die Öffentlichkeit getreten, dass das seit Jahrhunderten gesuchte Hauptheiligtum der Slawen, die Tempelburg Rethra, sich am Westufer des Tollensesees in Gatsch Eck befunden habe.

Herrmann entwickelt dabei eine schlüssig klingende Argumentation, nach der die zeitlich versetzt schreibenden Chronisten Thietmar von Merseburg (976-1018) und Adam von Bremen (ca. 1050-1081/85) nicht widersprüchliche Berichte über Rethra geschrieben haben, sondern die jeweils vorhandene Situation zu ihrer Zeit beschrieben hätten. In Gatsch Eck vermutet Herrmann das „Alt-Rethra" (Riedegost) Thietmars, auf der Fischerinsel, von der keine entsprechend alten Funde vorliegen, hätte sich demnach das „Neu-Rethra" Adams von Bremen befunden.

Damit wäre Gatsch Eck einer von mehr als 30 Orten, an denen Rethra bislang vermutet wurde. Finden ließ sich der Mystische Ort bis heute nicht. Aber die Suche konzentriert sich inzwischen auf das Südende des Tollensesees inklusive Fischerinsel und das angrenzende Gebiet der Lieps. Damit wäre Gatsch Eck noch nicht aus dem Rennen. Und wer weiß, vielleicht macht der Campingplatz am Tollensesee 2030 von sich reden, sollten sich die Betreiber entschließen, den 700. Jahrestag der ersten urkundlichen Erwähnung von Gatsch Eck feiern zu wollen.

Der Campingplatz und die Bungalowsiedlung werden vom Verein der Naturfreunde Gatsch Eck e.V. bewirtschaftet.

Am 10. Juli 1330, also gut 200 Jahre nach der mutmaßlichen Zerstörung Rethras, bezeugte Heinrich Holstein, Vogt von Penzlin, in einer in der dortigen Marienkirche ausgestellten Urkunde den Abschluss eines Vergleichs zwischen dem Kloster Broda und

Neben dem Imbiss mit Terrasse am Wasser gibt es für die Versorgung einen Kiosk am Waldweg.

den Slawen aus Jatzeke über die Erbschaftsansprüche der Letzteren an dem Hof Jazke, der wohl auf der heute zu Neuendorf gelegenen Feldmark lag. Dafür spricht zum Beispiel der Eintrag „Gatscher Damm" auf dem 1885 herausgegebenen Messtischblatt von Neubrandenburg, an dem 1943 die letzte Änderung vorgenommen wurde, oder im 19. Jahrhundert noch gebräuchliche Flurnamen wie „Jatsch" oder „Jatscher Ecken", die heute „Gatscher Weg" bzw. „Gatsch Eck" heißen.

Wer sich die Mühe macht, das lateinisch verfasste Dokument ins Deutsche zu übersetzen, erfährt die Namen von acht Slawen aus besagtem Jatzeke: der lange Janekinus, der lange Nikolaus, Lemmekinus und Hincekius, Dietrich, Konrad von Lypa, Tessekinus Kucker und Dietrich Jermiz. Ob Dietrich aber in Jatzeke wohnte oder in welcher Beziehung er sonst zu dem Ort stand, ist unbekannt. In der Urkunde wird angegeben, dass er „in Vridorp", also Freidorf, lebte. Das ist heute ein Ortsteil der Gemeinde Möllenhagen. Damals war Vridorp das älteste Slawendorf im Havelquellgebiet. Seit 1240 wurde es in Urkunden genannt.

Die in der Urkunde von 1330 genannten Slawen, einige tragen bereits deutsche Namen, verzichteten zu Gunsten des Klosters Broda gegenüber dessen Propst auf ihren bestehenden Erbanspruch am Hof Jazke. Das Kloster gab dafür 45 Mark. Damals war die Mark ein Edelmetall und Münzgewicht. Traditionell galt die Mark als halbes Pfund, die im deutschen Sprachraum bedeutsame Kölner Mark entsprach etwa 234 Gramm. Der Anspruch auf Gatsch Eck wechselte 1330 also für rund 10,5 Kilogramm Silber den Besitzer. Die Kaufkraft würde heute etwa 16.200 Euro entsprechen.

Am 20. März 1336 verglich sich Heinrich von Schmachtenhagen mit dem Kloster Broda wegen des Hofes Jatzke (Jeceke). *„Welcher Art die verglichene Differenz war und wie sie beigelegt wurde, geht aus der Urkunde nicht hervor"*, so Franz Boll in seiner „Chronik der Vorderstadt Neubrandenburg".

Wenn die acht 1330 namentlich genannten Slawen auf ihren Erbanspruch verzichteten, und das mögliche Erbe als „Hof Jatzke" genau beschrieben ist, dann liegt die Vermutung nahe, dass die Bezeichnungen „aus Jatzeke" und „Hof Jatzke" auf den gleichen Platz bzw. Ort verweisen. Interpretiert man die Aussage des polnischen Archäologen Hensel von einer „Abschnittsbefestigung" neu, könnte es sich beim Hof Jatzke um einen befestigten Hof einer slawischen Adelsfamilie gehandelt haben, der mehrere Häuser umfasste und so verschiedenen Familien Schutz bot.

Der Historiker und Archivar Dr. Paul Steinmann geht in seinem 1936 in den Mecklenburgischen Jahrbüchern veröffentlichten Aufsatz „Volksdialekt und Schriftsprache in Mecklenburg, Aufnahme der hochdeutschen Schriftsprache im 15./16. Jahrhundert" davon aus, dass Jaceke/Jatzke 1560 zur Wüstung wurde.

Der Neubrandenburger Gymnasiallehrer Paul Kühnel deutet 1881 den Namen „Jatzke" in einem umfassenden Aufsatz über slawische Ortsnamen als „Besitzer Jačik". Beleg für seine These eines slawischstämmigen Adelsbesitzes könnte auch das Dorf Jatzke sein, das fünf Kilometer westlich der alten Landstraße von Neubrandenburg nach Friedland liegt. Für dieses Dorf ist eine slawische Niederungsburg nachgewiesen, die zwischen dem 7. und 9. Jahrhundert und noch einmal vom 11. bis 12. Jahrhundert besiedelt war und eine Ausdehnung von 1,5 Hektar hatte.

Die Sprachwissenschaftler Ernst Eichler, ein 2012 verstorbener Nestor der slawischen Namenskunde, und sein Kollege Werner Mühlner bringen den Namen „Jatzke" in ihrem Buch über slawische Ortsnamen in Norddeutschland mit dem Ort Jatznick bei Pasewalk (1490 Jatzenik) in Verbindung und leiten ihn aus der altpolabischen Sprache her: Jasenik – jasen – Esche.

Und auch diese Namensdeutung wäre denkbar. Eschen waren mit Sicherheit eine häufig vorkommende Baumart in einem den Tollensesee umschließenden Buchenwald. Gatsch Eck und Buchort trennen kaum zwei Kilometer.

Knappe zweieinhalb Kilometer trennen Gatsch Eck vom FKK-Badeplatz Buchort.

1967 wurde das Foto vom Camping in Gatsch Eck von Renate Rössing-Winkler gemacht. Es fand seinen Eingang in einem 1968 vom Brockhaus-Verlag in Leipzig im Rahmen der „Kleinen Städtereihe" verlegten Buch über Neubrandenburg.

„Ich will der Erste sein, der Feuer an sie legt"
Hexenprozess gegen des Bürgermeisters Schwägerin

Martin Luther war davon überzeugt, dass es Hexen gibt und sie Schäden an Menschen, Vieh und Ernte anrichten. Er forderte zu deren Tötung auf. Dabei berief er sich auf das 2. Buch Moses: *„Die Zauberin sollst du nicht am Leben lassen."* Er selbst wollte dabei voran gehen. *„Ich will der Erste sein, der Feuer an sie legt."*

Mindestens 51 Frauen und Männer aus Neubrandenburg wurden zwischen 1558 und 1685 Opfer von Hexenprozessen bzw. Hexenverfolgung. In Friedland waren es 17, in Mirow zehn. Neun Namen sind für Quadenschönfeld überliefert, sieben für Ganzkow, sechs für Dewitz und Ihlenfeld, je fünf für Chemnitz, Conow, Prillwitz, Holldorf und Neverin. Die Hallenser Historikerin Dr. Katrin Moeller rechnet mit einer Minimalzahl von 4000 Prozessen in Mecklenburg.

Zwar setzte der eigentliche Hexenwahn der Reformationszeit erst nach dem Tod Luthers 1546 ein, aber dann brachen alle

Beim Hexensabbat auf dem Blocksberg soll Catharina Behr 1575 gesehen worden sein.

Die Angeklagte war die Schwägerin des Bürgermeisters Jo[a]chim Rumpshagen, dessen Name sich auf der 1598 gestifteten Kanzel der Johanniskirche findet.

Dämme. Überall loderten die Scheiterhaufen im Land, auch unterhalb der Oststadt, wo 1558 *„die Begine"* und 1574 *„die Wolfische"* brannten. Deren Name taucht mehrfach in den über 300 Seiten einer Akte der Juristischen Fakultät Rostock auf, in der es um den Fall der Neubrandenburgerin Catharina von Behr geht. Die Ehefrau des Ratsherrn Caspar Rumpshagen, eines Mannes, der *„auch außerhalb des Landes seine Nahrung mit seinem Fuhrwagen sucht"*, wurde 1573 erstmals, aber 1576 verstärkt von verschiedenen Angeklagten aus dem Amt Stargard *„berüchtigt"* bzw. *„besagt"*, das heißt, als Hexe benannt. Dabei wurden den Gefolterten Namen regelrecht in den Mund gelegt. Weil die unter der Gerichtsbarkeit von Vicke von Genzkow geführten Prozesse, in denen die *„Rumpshagensche"* wiederholt denunziert wurde, Verfahrensmängel aufwiesen, unterließ der Rat der Stadt eine Anklage.

Neubrandenburg hatte schlechte Erfahrungen gemacht. Wegen einer zweifachen indizienlosen Anklage und Folterung einer Frau drohte der Stadt selbst ein Verfahren und damit die Zahlung einer Buße an Herzog Ulrich.

Gebranntes Kind scheut Feuer. Deshalb und weil Catharina von Behr auch die Schwägerin des Bürgermeisters Joachim Rumpshagen war, ging der Magistrat nicht in die Offensive. Zur treibenden Kraft wurde ein herzoglicher Beamter, der von Herzog Ulrich eingesetzte Stadtrichter Erhardt Hancke.

Nachdem 1580 Catharina wieder einmal, diesmal in Wanzka, als *„Kunstverwandte"* genannt worden war und fast zur gleichen Zeit in Neubrandenburg die *„Wustenbergische"* sie ebenfalls *„besagte"*, veranlasste Hancke Ende August eine Gegenüberstellung. Catharinas Mann wurde versprochen, dass seine Frau abends wieder daheim sein werde. Doch die *„Confrontation"* wurde vom Sonnabend auf den folgenden Dienstag verschoben und Catharina nicht freigelassen. Hancke ließ sie ohne Zustimmung der städtischen Schöffen im alten Schohus gefangen setzen und später sogar in Ketten legen. Am 9. September kam der herzogliche Befehl dazu, dem sich der Rat widersetzte. Hancke berichtete am 4. Oktober, dass erst auf Druck der herzoglichen Hauptleute aus [Burg] Stargard der Delinquentin Ketten angelegt worden waren, der Rat ihr aber ein Mädchen beigegeben habe, das nun am Kerkerfenster mit den Leuten spreche.

Obwohl nach Darstellung des Neubrandenburger Rats keine Indizien vorlagen und sich Catharinas Ehemann zusammen mit Verwandten und Freunden erbot, eine Kaution von 4000 Gulden zu stellen, ließ die Inquisition nicht von der Rumpshagenschen ab. Sie warf ihr vor, 1575 in *„Wobrechts Nacht"* auf dem Blocksberg gewesen zu sein, ihr Buhle dort wäre *„ein stattlicher Burger, schwarz gekleidet"*. Doch nicht nur Pakt und Buhlschaft, das heißt, der Beischlaf mit dem Teufel, wurde ihr nachgesagt, sondern auch Butterzauber. *„Vom Geschrei des Butterwerks würde woll die gantzte Stadt wissen"*, so der Neubrandenburger Prediger Joachim Trojae in seinem Zeugenverhör.

Wirtschaftlicher Erfolg weckte den Neid der Erfolglosen und wurde ihr zum Verhängnis. Darüber hinaus war Catharina von Behr Spielball in einem Zwist, der sich zwischen der Stadt und dem Herzog entspann und in dem es letztlich darum ging, landesherrliche Machtansprüche in die Praxis umzusetzen.

Im Dezember 1580 wandte sich Herzog Ulrich an die Juristenfakultät der Universität Rostock, die ihm im Januar 1581 riet,

In der Nacht und ohne Wissen und Zustimmung der Neubrandenburger Schöffen wurde Catharina Behr in der Büttelei an zwei Tagen gefoltert.

Catharina (noch) nicht zu foltern. Das geschah erst am 23. Juni zwischen 22 und 23 Uhr und am 24. Juni, nachdem Ulrich vom Schöffenstuhl in Halle die Zustimmung zu einer *„zarterlich[en] peinlichen Befragung"* erhalten hatte – beide Male ohne Wissen und Zustimmung der Neubrandenburger Schöffen.

Nachdem Herzog Ulrich ein Bittgesuch des Neubrandenburger Rates zur Einstellung des Verfahrens abgelehnt hatte, *„…der Rat ist selbst parteiisch durch Bluthsfreundschaft, Schwägerschaft und sonst und kann deshalb in diesem Fall nicht peinliches Recht sprechen,"* wandten sich die Neubrandenburger am 1. Juli mit einem Appell an das Reichskammergericht in Speyer.

Vor Sonnenaufgang ließ Herzog Ulrich von Mecklenburg Catharina Behr heimlich entführen und auf die Burg Stargard bringen, wo sie erneut gefoltert werden sollte.

Vor dem höchsten Gericht des Reiches hatte bereits Catharinas Mann Caspar Rumpshagen gegen den Herzog und seinen Richter geklagt. Als Argumente führte der Rat selbst ins Feld, dass Catharina von Behr widerrechtlich ohne Bewilligung und Beisein der Schöffen gefoltert wurde und ihrem Gericht entzogen worden wäre. Das würde einem von Herzog Heinrich 1440 erteilten Privileg widersprechen, nachdem Neubrandenburger *„außer im Fall der Ergreifung auf handhafter That, ihrem Stadtgerichte nicht dürften entzogen werden".*

Am 3. Juli ließ Herzog Ulrich Catharina noch vor Sonnen-aufgang auf die Burg Stargard bringen, wo sie mit erneuter Fol-terung bedroht, bis aufs Hemd ausgezogen und auf die Bänke geworfen wurde. Die Grausamkeit der Folter geht aus einem Schreiben ihres Mannes vom 6. September an das Reichskam-mergericht hervor: *„Jemmerlich mit feur an d[er] brust, armen vnd anders glidtmassen dergestalt zugerichtet, daß sie wed[er] arm noch hende wegen konnen..."*

Nachdem das Reichskammergericht am 28. August 1581 ein *„Innehalten"* angeordnet hatte und Catharina inzwischen auf herzogliche Anordnung in das Gefängnis nach Güstrow verlegt worden war, zog sich der Prozess in die Länge.

Nachdem Catharinas Mann unterstützt vom Neubrandenburger Rat vor dem Reichskammergericht geklagt hatte, ließ Herzog Ulrich Catharina Behr nach Güstrow verlegen. Erst 1589 kam sie hier frei.

Caspar Rumpshagen starb, während seine Frau im Kerker saß. Ihr ältester Sohn trat im Prozess an die Stelle des Vaters. Er führte mit dem Rat an seiner Seite den Prozess fort. Erst als Neubrandenburg Herzog Johann VII. 1589 nach seiner Heirat huldigte, fand sich eine Lösung im Streit mit dem Herzoghaus. Es kam zu einer gütlichen Verhandlung, in deren Ergebnis Cat-

harina 1589 freigelassen und der fürstliche Richter Erhard Hancke seines Amtes enthoben und selbst auf der Burg Stargard ein-
gekerkert wurde, nachdem er noch Ende Mai sechs Frauen hatte
verbrennen lassen.

Während eines Verhörs 1602, Catharina von Behr war da bereits tot und Hancke Notar in Gadebusch, beschwerte sich der
Ex-Richter, dass er *„all' die Unkosten, die auf die sechs Weiber
gegangen"* aus seinem eigenen Beutel habe vorschießen müssen,
und er auch die zwei Faden Holz für die Hinrichtung, die er
vom städtischen Ziegelofen geholt hatte, ebenfalls selber zahlen
musste, weil der Stargarder Küchenmeister sich geweigert hatte,
Holz zu liefern.

Hanckes Amtsnachfolger, Richter Jacob Gerdes, ließ 1592 eine
und 1592 zwei weitere Frauen auf den Scheiterhaufen bringen.

*Im Jahr der Freilassung Catharinas 1589 brennen in Neubrandenburg sechs
angebliche Hexen.*

Bruder der Königin zahlte

Geld für Sanierung von St. Georg kam von Herzog Karl

Gleich zwei stadtgeschichtlich interessante Einträge weist eine Seite des Kirchenbuches von St. Johannis für das zu Ende gehende Jahr 1828 auf. An letzter Stelle verzeichnet es die Geburt von Georg Louis Anton Schelhase, der 1853 Aufseher des Belvederes werden sollte und bis zu seinem Tod 1899 blieb. Gleich über diesem Geburtseintrag verfasste der Pastor eine längere Notiz St. Georg betreffend. Zu lesen ist dort, dass seit dem Herbst 1826 kein Gottesdienst und kein Abendmahl mehr in der Kirche gehalten werden konnte, die auch für Broda zuständig war. Allerdings sei *„durch die Gabe des fürstlichen Bruders Seiner Königlichen Hoheit des Großherzogs allein der Thurm und das Dach wiederhergestellt, ferner auch das Innere neu ausgebaut und den Joh. Predigern überliefert worden".*

Seite aus dem Kirchenbuch von St. Johannis aus dem Herbst 1828 mit Nachrichten St. Georg und St. Marien betreffend

Am 5. Oktober 1828 wurde nach Abschluss der Bauarbeiten das erste heilige Abendmahl gefeiert. *„Ohne eigentliche Predigt, weil Kanzel und Predigtstuhl fehlten, die uns auf Vorstellung und Bitten nachgebaut und gegeben werden sollen.“* Dafür fehlten nicht zwei *„geschmackvoll gearbeitete Leuchter sowie ein Crucifix aus Gußeisen“*, die die Großherzogin Marie kurz zuvor der Gemeinde geschenkt hatte.

Herzog Karl zu Mecklenburg

Die Kosten für die Sanierung von St. Georg übernahm Herzog Karl, Halbbruder des regierenden Großherzogs Georg und der 1810 verstorbenen Königin Luise. Karl war im Dezember 1827 Präsident des preußischen Staatsrates geworden.

Der von Herzog Karl finanzierte Turm ersetzte einen aus der Mitte des 17. Jahrhunderts. Den hatte der Kirchenökonom Georg Bernhard Toll 1770 im Zeitgeschmack des Rokokos anfertigen lassen, als in seinem Auftrag das Gotteshaus von Grund auf saniert wurde. Einen hölzernen Turm trug St. Georg aber schon gut hundert Jahre früher, wie ein Visitationsprotokoll von 1664 belegt, welches ihm einen guten Zustand bescheinigte.

Neben der Nachricht über die umfassende Instandsetzung und Neuausstattung von St. Georg vermerkte der 26-jährige Pastor Carl August Anton Kühne, dass „dem Prediger an der Marienkirche und in unserer lieben Stadt an unserem Gottesdienste theilnehmenden“ durch die *„landesväterliche Huld die baufällige Marienkirche [und die] Predigerhäuser aufgerichtet und vor dem Verfall [gerettet] werden“* sollen.

Dachsanierung für St. Georg im Sommer 2019

Am Michaelistag, dem 29. September, *„kam deswegen eine fürstliche Commission zur Besichtigung sowohl der Kirche als auch der Predigerhäuser."* Erster Pastor an St. Marien war zu dem Zeitpunkt der 1776 in Neubrandenburg geborene Friedrich Johann Martin Tillemann, Sohn eines Französischlehrers.

Die fast zehnjährige Restaurierung der Marienkirche unter Leitung von Hofbaumeister Friedrich Wilhelm Buttel begann dann fast vier Jahre später 1832. Sie gab der der Kirche ihre heutige äußere Gestalt.

Pastor Kühne, dem die Informationen im Kirchenbuch zu verdanken sind, war ein 1802 geborener Sohn des Kaufmanns Gottlob Kühne. Er hatte in Rostock studiert und war ab Oktober 1825 Rektor der Bürgerschule, bevor der am 28. Mai 1826 an die Johanniskirche berufen wurde. 1832 heiratete er die Tochter des Neubrandenburger Kommerzienrates Toll.

Werk der letzten Neogotiker

St. Johannis-Kirche erhielt zwischen 1892 und 1894 ihr heutiges Gesicht

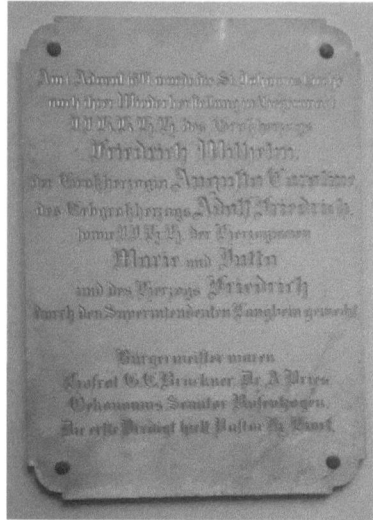

Gedenktafel im Chorraum von St. Johannis

Versteckt vor den Besuchern erinnert eine Gedenktafel im Altarraum der Johanniskirche an den Abschluss zweijähriger Restaurierungsarbeiten. Sie gaben dem Gotteshaus vor 125 Jahren ihr heutiges Aussehen.

Am 2. Dezember 1894, es war der Sonntag des 1. Advent, wurde die St. Johanniskirche in Gegenwart des 75-jährigen Großherzogs Friedrich Wilhelm, der 72-jährigen Großherzogin Augusta Caroline,

Großherzog Friedrich Wilhelm

Großherzogin Augusta

des 46-jährigen Erbgroßherzogs Adolf Friedrich [V.] sowie der 16 und 14 Jahre alten Herzoginnen Marie und Jutta und des zwölfjährigen Herzogs [Adolf] Friedrich [VI.] durch den Superintendenten Langbein geweiht. Der Neubrandenburger Zeitung vom 29. November ist zu entnehmen, dass auch die

Die Prinzessinnen Maria Viktoria und Jutta von Mecklenburg-Strelitz

Herzog Adolf Friedrich

Erbgroßherzogin angekündigt war und der Magistrat angesichts des zu erwartenden starken Andrangs Einladungskarten für den Festakt ausgegeben hatte. Tags darauf erfuhren die Leser nicht nur den Programmablauf der Kirchenweihe, sondern auch, dass am Tag der Kirchenweihe der Kirchenplatz vor Beendigung der Feier auch nur von Festteilnehmern betreten werden durfte.

Was die 37-jährige Erbgroßherzogin Elisabeth von der Begleitung ihres Ehemannes nach Neubrandenburg abhielt und warum auch nicht das Nesthäkchen der Familie, der sechsjährige Herzog Carl Borwin, an der Kirchenweihe teilnahm, teilten weder die Neubrandenburger Zeitung noch ein Jahr später die auf das Jahr 1894 bezogenen Annalen des Staatskalenders von 1895 mit. Letztere erwähnten nur die Anwesenheit der *„allerhöchsten Herrschaften"* bei der Kirchenweihe.

Erbgroßherzogin Elisabeth   *Erbgroßherzog Adolf Friedrich V.*

„Neubrandenburg, 2. Dec. Heute fand hier die Einweihung unserer St. Johanniskirche statt. Nachmittags 1 ½ Uhr versammelten sich die Theilnehmer an dem Festzuge auf dem Rathhause und begaben sich um 2 Uhr nach der St. Johanneskirche. In dem Festzuge waren vertreten: Die Mitglieder des Magistrats, die Geistlichkeit unserer Stadt, der Landessuperintendent Langbein = Neustrelitz, der Landgerichtspräsident Dr. Piper, der Consistorialrath Praefcke = Neustrelitz, der Präpositus der Neubrandenburger Synode, Pastor Becker = Warlin, der Baumeister Hartung = Berlin, die Leiter der städtischen Schulen, die Bürgerrepräsentanten, mehrere Vorstandsmitglieder der hiesigen Darlehenskasse, die beteiligten Baugewerksmeister und Handwerker u. s. w. Vor dem Portal an der Südseite der Kirche nahmen die Teilnehmer an dem Festzuge als dann Aufstellung um. I. Kgl. Hoheiten den Großherzog, die Großherzogin, den Erbgroßherzog, den Erbprinzen und die Prinzessinnen zu empfangen. Hr. Bürgermeister Hofrath Brückner begrüßte die Allerhöchsten Herrschaften in einer längeren Ansprache. Alsdann überreichte Hr. Baumeister Hartung den Schlüssel zur Kirche dem Bürgermeister Dr. Pries, dieser dem Superintendenten, welch' Letzterer ihn Hrn. Pastor Kort zum Öffnen der Kirche übergab.

Die eingeladenen Personen hatten sich bereits vorher in das Gotteshaus begeben und sangen, nachdem die Allerhöchsten Herrschaften sowie die Theilnehmer am Festzuge ihre Plätze eingenommen hatten, mit Posaunenbegleitung die ersten Strophen des Kirchenliedes ,Wie soll ich dich empfangen'. Hr. Superintendent Langbein hielt sodann auf Grund des verlesenen Psalms 24 die Weiherede, sprach kniend das Weihgebet und übergab die Kirche der gottesdienstlichen Bestimmung. Unter Begleitung der neuen Orgel, welche von Hrn. Musikdirektor Naubert[1] gespielt wurde, sang die Gemeinde als Anfangslied die beiden ersten Strophen von ,Nun danket alle Gott' und nach der Liturgie der ,Verein für gemischten Chorgesang' unter Orgelbegleitung das Halleluja aus dem ,Messias' von Händel. Nach dem Hauptliede ,Ach wie heilig ist der Ort!' bestieg Herr Pastor Kort die Kanzel und hielt die Festpredigt nach Hagai 2,9. Die Schlußliturgie leitete Herr Superintendent Langbein, und

Friedrich August Naubert

mit dem Ausgangsliede ‚Lob ehr und Preis sei Gott' wurde der Festgottesdienst beendet. – Im Anschluss an diese Feier fand sodann im Großherzoglichen Palais hierselbst ein Dinner statt an welchem insgesamt 22 Personen theilnahmen. Nachmittags 6 Uhr kehrten die Allerhöchsten Herrschaften nebst Gefolge mit dem Courierzuge nach Neustrelitz zurück."

NEUBRANDENBURGER ZEITUNG, 4. DEZEMBER 1894

Der auf der Gedenktafel erwähnte Hofrath Brückner war der Erste Bürgermeister Neubrandenburgs. Der 59-jährige Gustav Brückner war erst wenige Jahre zuvor von der zweiten an die erste Stelle gerückt, nachdem Wilhelm Ahlers, der das Amt bekleidet hatte, am 13. Juli 1889 gestorben war. Ahlers Vorgänger im Amt war der Vater seines Nachfolgers, Hofrat Friedrich Brückner. Er ging zwei Tage vor seinem Tod am 7. Januar 1883 in den Ruhestand und schuf so Platz auf dem Stuhl des Zweiten Bürgermeisters, welchen dann sein Sohn Gustav einnahm, bis er dann gut sechseinhalb Jahre später weiter aufrückte.

Nach Gustav Brückner nahm dann der Verwaltungsjurist Dr. Adolf Pries den Platz als Zweiter Bürgermeister ein. Der gebürtige Rostocker war 1887 als Senator und Syndikus nach Neubrandenburg gekommen. Nach dem Ausscheiden von Gustav Brückner aus dem Amt 1904 wurde Dr. Pries alleiniger Bürgermeister der Viertorestadt. Er blieb es bis 1923.

Pastor Heinrich Kort, der die erste Predigt hielt, war 1855 in Schönhausen bei Strasburg als Sohn eines Gärtners zur Welt gekommen. Er hatte von 1878 bis 1882 in Jena und Rostock Theologie studiert und war seit 1889 Pastor an St. Johannis und Diakon an St. Marien. Davor stand er zwei Jahre als Rektor der Mädchenschule in Schönberg vor.

Der 61-jährige Superintendent Gustav Langheim, der die Kirchweihe vollzog, war ein gebürtiger Friedländer, der nach einem Studium in Erlangen und Berlin als Hauslehrer in Damerow auf der Insel Usedom sowie als Hilfslehrer am Friedländer

Die Johanniskirche von der Stargarder Straße aus gesehen

Gymnasium gearbeitet hatte, bevor er 1862 Rektor der Friedländer Bürgerschule und 1865 Rektor der höheren Töchterschule in Neustrelitz wurde, von 1870 bis 1877 Pastor in Weitin war und 1877 Konsistorialrat in Neustrelitz wurde, ehe man ihn zu Weihnachten 1886 zum Hofprediger und Superintendent berief. Wenige Monate vor dem festlichen Gottesdienst in St. Johannis hatte er nach 33-jähriger Ehe seine Frau verloren.

Eigentlich hätte die Wiedereinweihung der Johanniskirche schon früher stattfinden sollen. Doch am 12. Februar 1894 tobte mittags ein Orkan in Neubrandenburg, der nicht nur zehn starke Eichen auf dem Wall entwurzelte, sondern gegen 13.10 Uhr auch den neuerbauten Turm der Johanniskirche aus dem Gleichgewicht brachte.

„Mit großem Getöse stürzte der Thurm, die Spitze nach unten gerichtet, auf die zum Glück kurz zuvor polizeilich abgesperrte Bahnhofsstraße, grub sich tief ins Erdreich ein und fiel dann gegen das Postgebäude, dessen Mauerwerk etwas beschädigt wurde Der untere Theil des Thurmes, in welchem sich der Glockenstuhl befand, hatte an dem nördlichen Eckpfeiler Widerstand, zertrümmerte denselben theilweise, ebenso einen Theil des Kirchendaches und stürzte seitwärts auf den Platz neben der Kirche. Menschen sind glücklicherweise nicht verletzt worden.“

NEUBRANDENBURGER ZEITUNG, 13. FEBRUAR 1894

Das warf die Bauarbeiten sicher um einige Tage, wenn nicht sogar Wochen zurück. Trotzdem und obwohl beim Ausbau der Kirche in der Nähe der Kanzel unter dem Fußboden der Kirche ein Grabgewölbe gefunden worden war mit einem Kleid sowie einer Kappe aus gepresstem Samt, beides der Mode der zweiten Hälfte des 18. Jahrhunderts entsprechend, hielt der Magistrat einer Zeitungsmeldung vom 17. Juni zufolge an der Absicht fest, die Johanniskirche im Herbst zu eröffnen.

Auf seiner Sitzung zwei Tage zuvor hatte der Magistrat den Repräsentanten vorgeschlagen, endlich *„definitiv"* die Orgel beim Hoforgelbaumeister Sauer in Frankfurt/Oder zu bestellen, da es von der Bestellung bis zur Aufstellung vier Monate Zeit benötigen würde. 6870 Mark sollte die Sauer-Orgel kosten. 3000 Mark seien bereits gestiftet worden, 500 Mark würde man sparen, wenn dem Orgelbauer das alte Instrument überlassen würde. Erst Ende Januar hatte der Magistrat vorgeschlagen, den

Orgelbauer zu einem Gespräch einzuladen und ihm die Reisekosten zu erstatten. Hoforgelbaumeister Wilhelm Sauer wird die Johanniskirche gekannt haben. Der 63-Jährige war 1831 in Schönbeck bei Friedland als Sohn eines Schmiedes geboren worden und hatte bis Ende des 19. Jahrhunderts rund 1000 Orgeln gebaut. In Frankfurt/Oder beschäftigte er im Zeitraum des Orgelbaus für Neubrandenburg rund 120 Mitarbeiter.

Orgelbaumeister Wilhelm Sauer

Im Zusammenhang mit der Entscheidung über die Orgel folgten die Repräsentanten auch dem Vorschlag des Magistrats, die verantwortlichen Architekten Oberbaurat Carl Schäfer,

Professor Carl Schäfer

Hugo Hartung

Professor an der Technischen Hochschule [Berlin-] Charlottenburg, und Hugo Hartung aus Charlottenburg nicht auf Schadensersatz wegen des im Februar eingestürzten Turmes zu verklagen. Die Geltendmachung der Ansprüche in einem etwaigen Prozess sahen sie als aussichtslos an. Hartung, ein Schüler des gebürtigen Kasselers Carl Schäfer und wie sein Lehrer ein glühender Anhänger von Architekturprofessor Conrad Wilhelm Hase und damit der [Neu-]Gotik, war dort von 1885 bis 1888 Regierungsbaumeister, bevor er um seine Entlassung aus dem Staatsdienst bat und als Privatarchitekt arbeitete, bis 1908 in Assoziation mit Carl Schäfer.

Am 27. Juli erklärte sich die Ersparnisanstalt [Sparkasse] bereit, für den Wiederaufbau des Turmes eine unkündbare zinslose Anleihe in Höhe von 3600 Mark zur Verfügung zu stellen. Die Bauarbeiten des Dachreiters sollten Zimmermeister Seegert übertragen werden, der Wiederaufbau des kleinen Flankenturms an der Nordseite des Ostgiebels Maurermeister Ringel.

Am 27. September befanden die Repräsentanten dann auch, dass die Johanniskirche eine Beleuchtung benötigen würde. Sie empfahlen Gaslicht und außerdem den Einbau eines Glockenstuhls, der beim Turmprojekt nicht vorgesehen war, und den Bau eines Windfanges am Haupteingang am Westgiebel. Genehmigt wurde dessen Bau, nachdem er an die Südseite des Gotteshauses verlegt worden war, dann am 25. Oktober 1894, ebenso wie die Erweiterung der Heizungsanlage. Die „Expansionsrohre" sollten mit einer *„50procentigen Alcoholmischung der Firma J. L. Bacon in Berlin"* befüllt werden. Das noch 1853 gegründete und noch heute bestehende Unternehmen hatte zuvor auch die Heizungsanlage gebaut.

„Neubrandenburg, 28. Oct. Der Ausbau unserer St. Johanniskirche nähert sich seiner Vollendung. Der auf's Neue aufgebaute Thurm war schon seit einiger Zeit soweit hergestellt, daß der Abbruch des Gerüstes hätte erfolgen können. Diese Arbeit mußte indeß etwas verschoben werden, da die Anlage eines Blitzableiters sich verzögert. Gestern wurde derselbe angebracht, sodaß er auf seine Funktionsfähigkeit geprüft werden konnte und solche für gut befunden wurde. Auch die Thurmglocken sind an ihre Stelle geschafft, und ein Probeläuten ist bereits abgehalten. Der Termin für die Einweihung unseres Gotteshauses, der schon für diesen Monat in Aussicht genommen war, hat nicht gehalten werden können, da außer anderen Arbeiten namentlich auch die Aufstellung der neuen Orgel nicht fertig gestellt werden konnte.

Es ist indeß begründete Aussicht vorhanden, daß die Einweihung am 1. Adventssonntage wird geschehen können. Das Innere

Kontrovers aufgenommen wurde die Wand- und Deckenmalerei im Chorraum.

der Kirche gewährt einen sehr freundlichen Anblick. Fallen zunächst auch die grellen Farben der Wandmalerei auf, so gehören dieselben doch zur Gotik, in welcher das Ganze gehalten ist, und das Auge gewöhnt sich sehr bald daran. Unter den vielen Sehenswürdigkeiten erregen die Kanzel und der Altar wegen ihrer künstlerischen Ausstattung besondere Aufmerksamkeit und gewinnen

Barockaltar, 1. Drittel 18. Jahrhundert   *Kanzel aus dem Jahr 1588*

noch an Werth, da sie aus der früheren Kircheneinrichtung übernommen sind. Die im Barockstil des 17. Jahrhunderts gehaltene

Madonna um 1500, jetzt im Museum   *Kanzeluhr, jetzt im Museum*

Kanzel ist aus weißem Sandstein hergerichtet, die an derselben angebrachten fünf Figuren, Christus und die vier Evangelisten Matthäus, Markus, Lukas und Johannis, sind in Marmor ausgeführt und dem Ganzen eingefügt.

Wie man hört, hat eine hiesige Dame durch Schenkung einer ansehnlichen Geldsumme die nicht unerheblichen Kosten der Restaurierung gedeckt. Ebenso ist auch der im Renaissancestil gearbeitete Altar aus der früheren Einrichtung erhalten und bildet ein Schmuckstück der Kirche, das durch die mit Glasmalereien versehenen Fenster eine wirkungsvolle Beleuchtung erhält. Der Altarplatz ist von dem neu aufgeführten Mauerwerk begrenzt, und zeigt im Innern reiche gothische Malereien. Hervortretend sind die vier symbolischen Figuren, die mit den angefügten Attributen die Kreuzigung Christi versinnbildlichen. Auch die am Orgelthor schon früher vorhandenen bildlichen Darstellungen sind im Wesentlichen erhalten, jedoch erneuert worden; ebenso auch das Gestühl. [...]"

NEUBRANDENBURGER ZEITUNG, 30. OKTOBER 1894

Die farbliche Neugestaltung der Johanniskirche lag, wie die *„Renovierung"* der Wappenkartuschen an der Kanzel *„nach alten Tönen"* und die Restaurierung der drei ovalen Bilder des Altars

Wappenkartusche St. Georg

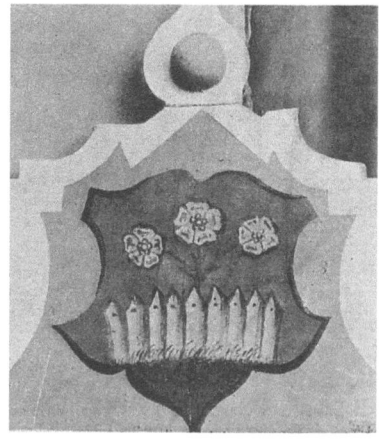

Wappen der Familie Krauthof

in den Händen des Berliner Malers Chr. Gaiß, der in Kreuzberg (Belle Alliance 86) lebte, ein Malergeschäft betrieb und auch eine Malerschule unterhalten haben soll. Seine Arbeit kann durchaus handwerkliches Können bescheinigt werden, was die Ausmalung des neuen Chorraumes angeht, aber keinesfalls künstlerische Meisterschaft. Wahrscheinlich war der Berliner, dessen Name in dem 1929er Band der „Kunst- und Geschichtsdenkmäler des Freistaates Mecklenburg-Strelitz" einmal als Gais und wenige Zeilen später als Gaiß festgehalten ist, nicht mehr und nicht weniger als ein gut ausgebildeter und ambitionierter Dekorationsmaler, wie sein Freund und Malerkollege Ernst Christian Bader. Mit dem besuchte der gebürtige Ulmer die Königliche Kunstschule Stuttgart. Gemeinsam gingen sie 1879 nach Italien, um die Kunstschätze Neapels kennenzulernen, den Vesuv zu zeichnen und in Pompeji die altrömischen Villen mit ihren Wandmalereien zu studieren.

Die „gothischen Malereien" mit ihren „grellen Farben", fanden nicht durchgehend Gefallen des Publikums. Als es in einem eingesandten Beitrag in der Neubrandenburger Zeitung um die künftige Gestaltung der Marienkirche ging, heißt es im Text:

„Die [Marien-]Kirche ist in ihrer hehren Einfachheit so überwältigend schön, daß man sich keine günstige Vorstellung derselben in einem bunten Kleide machen kann. Sehen wir ja schon, wie mißliebig die bunte Kreide unserer neuen Johanniskirche aufgenommen wird."

NEUBRANDENBURGER ZEITUNG, 29. MÄRZ 1894

Und noch 1929 hob Oberkirchenrat Georg Krüger in einer Beschreibung des Gotteshauses hervor:

„Das Innere des Chores sowie die gesamte innere Ausmalung ist modern nach mittelalterlichen Vorbildern [...] ausgeführt, sie entspricht jedoch nicht der Schmucklosigkeit einer ehemaligen Franziskanerkirche."

KUNST- U. GESCHICHTSDENKMÄLER DES FREISTAATES MECKLENBURG-STRELITZ, I. BAND, III. ABT., NEUBRANDENBURG 1929, S. N. 54

Um Farbe ging es auch dem Inhaber der Buch- und Kunsthandlung von Otto Nahmmacher, der die umfangreichen Bauarbeiten, die das Aussehen der Kirche veränderten, nutzte, um neue Postkarten für Neubrandenburg herauszugeben. Es waren Farblithografien.

„Besonders die Karte mit dem Reuterdenkmal, der St. Johanniskirche und Belvedere stellt diese hervorragenden Punkte in das günstigste Licht."

NEUBRANDENBURGER ZEITUNG, 25. APRIL 1894

Um weiteres Geld „*zum Besten der Ausschmückung des Innern der Johanniskirche*" zu akquirieren, veranstaltete Baronin von Maltzahn, geborene Gräfin Moltke, mit „*gnädigster Erlaubnis*" der „*hohen Landesregierung*" eine „*Lotterie von weiblichen Handarbeiten und ähnlichen Kleinigkeiten*". Ein Los kostete 50 Pfennig.

„Neubrandenburg, 18. Nov. Zur Vollendung der im Ausbau befindlichen Johanniskirche sind die betheiligten Gewerbetreibenden zur Zeit eifrig thätig, so daß für die am 2. December d. J. in Aussicht genommene Einweihung des Gotteshauses die Gesamtarbeit in ihrem ganzen Umfang fertig gestellt sein wird. Die neue Orgel wird von dem Orgelbauer Hrn. W. Sauer zu Frankfurt a. O. gebaut, und seit etwa 14 Tagen sind mehrere Leute beschäftigt, dieselbe aufzustellen. Das Werk entspricht an Größe den Räumlichkeiten der Kirche, ist in seiner Figuration geschmackvoll ausgestattet und zeigt in seiner Anlage manche Errungenschaften der Neuzeit auf dem Gebiete der Orgelbaukunst; der Sitz des Organisten ist so aufgestellt, daß derselbe sein Gesicht beim Spielen dem Innern der Kirche zuwendet, während in den meisten Fällen eine umgekehrte Anordnung angetroffen wird.[2]

Auch der nahezu fertiggestellte Altar tritt jetzt mehr in seiner vollen Wirkung hervor; erfreut seinerseits die Mannigfaltigkeit des schon erhaltenen Barockkstyls, so anderseits die von Hrn. Malermstr. Schultz hierselbst ausgeführte reiche Vergoldung. Die aus der alten Kircheneinrichtung übernommenen Altarbilder sind gut

1997 kaufte die Gemeinde der Röbeler Nikolai-Kirche die alte Sauer-Orgel aus St. Johannis. 1993 wurde sie aufgestellt.

Der Kronleuchter wurde 1894 von einer Dame gestiftet.

restauriert. Vor dem Altar soll auch noch ein Lesepult Ausstellung finden und im Mittelschiff ein von einer hiesigen Dame geschenkter Kronleuchter angebracht werden. Zur Einweihung der St. Johanniskirche hat Se. Königl. Hoheit der Großherzog seine Gegenwart in Aussicht gestellt. Der Verein für gemischten Chorgesang wird unter Leitung des Hrn. Naubert bei der Feier Chorlieder mit Orchesterbegleitung singen. In den letzten Tagen circulierte in der Stadt eine Petition, welche den Zweck hat eine Vergrößerung der St. Johannisgemeinde herbeizuführen. Mit dem Ausbau dieses Gotteshauses wird gleichzeitig eine Neuanlage des Kirchhofs durchgeführt."

NEUBRANDENBURGER ZEITUNG, 20. NOVEMBER 1894

Am 26. November traf Hofmarschall Graf von Schwerin aus Neustrelitz kommend ein, um mit dem Magistrat wegen der für den 2. Dezember geplanten Kirchweihe alles zu besprechen und im Palais die notwendigen Anordnungen für den Besuch der „Allerhöchsten Herrschaften" zu treffen.

Noch vor deren Besuch kam es zu einem Vorfall, der zeigt, dass Vandalismus keine Erfindung heutiger Zeit ist.

„Neubrandenburg, 2. Dec. Unsere mit großen Kosten prächtig ausgebaute Johanniskirche ist bereits vor ihrer Einweihung von ruchlosen Händen beschädigt worden. Am Mittwoch Abend etwa um 8 Uhr wurde durch ein Fenster in der Richtung auf die Orgel zu, woselbst noch Leute beschäftigt waren, ein ziemlich großer Stein geworfen. Ob es sich hierbei mehr darum handelte, die Kirche oder die Orgel zu beschädigen, oder die arbeitenden Personen zu stören, wird hoffentlich durch die angestellten Nachforschungen ermittelt werden."

NEUBRANDENBURGER ZEITUNG, 4. DEZEMBER 1894

Die Ermittlungen werden erfolglos gewesen sein, kam die Neubrandenburger Zeitung in keiner weiteren Ausgabe mit keiner einzigen Zeile darauf zurück. Dafür berichtete sie am 5.

Oblatendose von 1582

Dezember, dass der Großherzog der Kirche eine silberne, innen vergoldete Abendmahlskanne zum Geschenk gemacht hat, natürlich mit Widmung (Großherzog Friedrich Wilhelm der St. Johanniskirche zu Neubrandenburg zur Einweihung am 2. December 1894). Ebenso nannte sie am 7. Dezember Frau Dr. Siemerling, die eine reich verzierte silberne Oblatenschachtel schenkte, die

„zum Andenken der Kinder des vertrauenswürdigen Geistlichen Peter Nepomucky und seiner Gattin Anna, im Jahre 1582 verstorben", gemacht worden war.[3]

„Neubrandenburg, 9. Dec. (Eingesandt) Die schöne, erhabene Einweihungsfeier unserer Johanniskirche ist allerdings schon gleich mit kurzen Worten beschrieben. Darin ist mit gebührender Anerkennung der kostbaren Geschenke Sr. K. Hoheit des Großherzogs und der Frau Dr. Siemerling Erwähnung geschehen. Es wäre aber wohl von Interesse für das größere Publikum, zu erfahren, wie viele bereitwillige, fleißige Hände und opferwillige Herzen an dem Gelingen des großen Ganzen gearbeitet haben.

Erstens ist der Bildhauer Herr Streu zu erwähnen, welcher es verstanden hat, den seltenen schönen Altar aus vielen Trümmern zusammen zu stellen, und die Maler, welche das Ganze vollendet haben. Dann ist die so geschmack= und stylvolle Bekleidung des Altars und der Kanzel das Werk freiwilliger Gaben und mühevoller Arbeit vieler Damen der Stadt und auch außer derselben.

Z. B. die kunstvoll gestickte Kanzelpultecke ist von Hofrath Dr. Brückner gearbeitet, und die schönen Spitzen um die Altardecke haben 78jährige Hände mit Liebe geklöppelt! Die Liberalität zweier Damen hat viel dazu beigetragen, daß wir eine so schöne Orgel erhielten. Der prachtvolle Kronleuchter ist das freudige Geschenk einer Dame. Ebenso die sehr schönen Altarleuchter und Lichte, das Lesepult spendete ein Herr, welcher sich außerdem durch seinen Fleiß große Verdienste erworben hat. Auch das Crucifix und ein Theil der Wandleuchter sind durch freiwillige Sammlungen und Gottesgaben errungen. Möge nun dies erfreuen und möge damit Gott die Ehre gegeben und allen, die daran arbeiteten, dadurch der verdiente Dank gezollt werden, zum Heil und Segen unserer Stadt."

NEUBRANDENBURGER, ZEITUNG, 11. DEZEMBER 1894

Mit der Restaurierung wurde die Johanniskirche auch demo-
kratischer. Ohne das Wort zu benutzen, berichtete die Redaktion
der Neubrandenburger Zeitung davon.

„Neubrandenburg, 10. Dec. In der St. Johanniskirche wurde
nach ihrer Einweihung gestern der erste Frühgottesdienst abgehalten, der gut besucht war. Dabei zeigte sich, daß die der Kanzel zunächst gelegenen Kirchenstühle voll besetzt waren. Dies
ist dadurch ermöglicht und wird auch in Zukunft so sein, daß
weder Standes noch Miethsplätze reserviert sind, wie es noch
häufig vorkommt. In solchen Kirchen stehen die mit Schildern
und Namen versehenen Plätze in der Mitte der Gotteshäuser oft
genug leer, während fleißige, aber weniger bemittelte Kirchen-
besucher sich mit entfernten Eck= und Seitenplätzen behelfen
müssen. Unsere christliche Anschauung, nach der wir vor Gott
alle gleich sind und Rang= und Standesunterschiede daran nicht
ändern, sollte auch in den Kirchen Geltung haben. Sind Gelder
zur Erhaltung der Kirche erforderlich, so können dieselben wohl
in anderer Weise beschafft werden."

NEUBRANDENBURGER ZEITUNG, 12. DEZEMBER 1894

Die neue Johanniskirche war im Alltag angekommen. Das
neue Gotteshaus ähnelte der alten Klosterkirche, sah aber doch
ganz anders aus. Im Zuge der Restaurierung griffen Professor
Carl Schäfer und Baumeister Hugo Hartung tief in die mittelalterliche Bausubstanz ein. In einem Beitrag für die 1896 erschie-
nene „Zeitschrift für Bauwesen" schrieb Hugo Hartung dazu:
*Der Gesichtspunkt, die Kirche in den frühgotischen Formen des
ersten Baues durchzubilden, ist für die Bauausführung maßge-
bend geworden."* Sehr deutlich wird das sowohl am Ost- wie am
Westgiebel der Kirche, die in Anlehnung an die märkische Früh-
gotik und Motive der Klosteranlage Chorin gestaltet wurden.

Im Zuge der Restaurierung wurde der eingestürzte Chor
noch einmal eingekürzt. „Die durch den Platzmangel beding-
te Einschränkung der Chorgrundfläche führte zur Anlegung

*Das große Chorfenster ist eine
Spende der Familie Tiedt.*

*Im Baustil orientiert sich die
Johanniskirche am Kloster Chorin.*

*Blick vom Kirchenschiff in
den Chor 1965*

eines rechteckigen Joches mit gerader geschlossener Ostseite; denn nur diese Anordnung ermöglichte eine Steigerung der Massenwirkung. Letztere wurde noch erhöht durch den großen Ostgiebel und die ihn flankierenden Osttürme," so Hugo Hartung. 85.000 Mark kostete nach seinen Angaben die Restaurierung der Kirche.[4] Sicherlich sind in dieser Summe nicht die Spenden für die Orgel, den Innenausbau der Kirche oder den Wiederaufbau des eingestürzten Turmes eingerechnet. Den Aufzeichnungen der Unternehmerfamilie Tiedt ist zum Beispiel zu entnehmen, dass sie das große, mittlere Fenster des Ostgiebels gespendet hat. Und darüber berichteten weder Hugo Hartung noch die

Neubrandenburger Zeitung. Getreidehändler Carl Jacob Tiedt wird die Restaurierung der Johanniskirche wohl ein besonderes Anliegen gewesen sein. Während er den Chorteil des Gotteshauses für die Lagerung von Weizen nutzte, den die Stadt 1803 zu einem Speicher ausgebaut hatte, stürzte am Sonnabend, dem 30. Juli 1887, die Trennwand zum Kirchenschiff ein. Das war letztlich der ausschlaggebende Punkt, eine Restaurierung in Angriff zu nehmen. Fast 300 Jahre waren notwendige Bauarbeiten unterlassen worden.

Doch der Reihe nach.

Entstanden war das Problem am 10. November 1614, als ein Großbrand die halbe Stadt in Schutt und Asche legte. Dabei wurde auch die Kirche, die seit 1567 unter städtischem Patronat steht, schwer in Mitleidenschaft gezogen. Weil kein Geld für den Wiederaufbau zur Verfügung stand, wurde der ausgebrannte Teil des Chors durch eine Mauer vom Kirchenschiff abgetrennt. Sicher sollte das nur eine vorübergehende Maßnahme sein, aber die Zeiten wurden nicht besser. 1625 raffte die Pest, wie man zu jener Zeit epidemische Krankheiten nannte, an die tausend Menschen dahin. 1631 eroberten erst schwedische Söldner die von kaiserlichen Truppen besetzte Stadt. Dann griffen 18.000 kroatische Landsknechte unter dem Kommando des kaiserlichen Generalfeldmarschalls Tilly Neubrandenburg an, stürmten die Stadt, massakrierten die Einwohner und raubten, was zu rauben war. Es folgten weitere Besetzungen durch protestantische und katholische Söldnerheere und 1638 erneut die Pest.

1632 und 1638 sahen sich die Stadtoberen gezwungen, die Neubrandenburg gehörenden Güter Glocksin und Podewal für 10.000 bzw. etwas mehr als 6000 Taler zu veräußern, um die drängendsten Schulden zu begleichen. 1655 brannte der Turm der Marienkirche samt neun Wohnhäuser und sämtlicher Hintergebäude, wobei die fünf Glocken des Gotteshauses schmolzen.

Neubrandenburg war es nicht möglich, sich von den Folgen des Dreißigjährigen Krieges zu erholen. Dazu kam, dass der Magistrat auch eher das eigene Wohl als das Gemeinwohl im Sinn hatte. Für die Johanniskirche und die ebenfalls unter dem Patronat Neubrandenburgs stehenden Kirchen von Küssow und Sponholz gab es über zwei Jahrzehnte keinerlei Buchhaltung. Nicht einmal Rechnungen wurden aufgehoben, wie eine vom Herzog angeordnete Überprüfung 1663 nachwies. Darüber hinaus waren die Matrikel sowie Inventarlisten, das heißt die Besitznachweise für Geld und Grundstücke, verschwunden. So fiel es Bürgermeister Jacob Kauthof mit Sicherheit nicht schwer, ihm gehörende schlechte Obligationen gegen gute der Johanniskirche umzutauschen und der Kirche gezahlte Zinsen selbst einzustreichen, was ihm nachgewiesen wurde.

An die vier damaligen Bürgermeister und den Pastor (der Armen) erinnert die Gedenktafel von 1598 an der Kanzel.

Genauso zerrüttet wie die finanziellen kirchlichen Verhältnisse waren die der Stadt, weshalb sie am 25. September 1665 ihren Konkurs erklären musste. Vollstreckt wurde der sechs Jahre später. Am 4. Mai 1671 musste Neubrandenburg seinen sämtlichen Besitz – Stadtgüter, Stadtwald, Wiesen, Viehweide, Fischereirechte – an die Gläubiger abtreten, bis zur Wiedereinlösung. Und die zog sich bis in die erste Hälfte des kommenden Jahrhunderts hin. Zwischendurch gab es 1776 und 1737 wieder riesige Stadtbrände.

Aus dem Provisorium, der Trennmauer zwischen Chor und Schiff der Johanniskirche, war längst eine Dauerlösung geworden. Und nicht nur das. Der nicht mehr nutzbare Chorraum, der lange Zeit wüst liegen blieb, wurde, wie bereits beschrieben, 1803 zum Kornspeicher umgebaut.

Blick von „Eisenbahnertor" auf die Johanniskirche vor dem Einsturz des alten Langchores. In Hintergrund die Marienkirche.

Als die Eisenbahn 1835 in Deutschland Fahrt aufnahm, brauchte sie zwar noch drei Jahrzehnte, bevor sie sich auf ihrem Schienenstrang den Toren Neubrandenburgs näherte. Bis 1840 zogen nachts sogar Mitglieder der Schützenzunft zur Torwache auf. Als 23 Jahre später aber der Bau des neuen Bahnhofs dem Ende entgegen ging und feststand, dass bald der erste Zug am Bahnsteig halten würde, wurde 1863 die mittelalterliche Torsperre aufgehoben. Damit die Neubrandenburger aber auch auf direktem Weg aus der Stadt zum Zug kommen oder Reisende auf gleichem Weg in die Stadt gelangen konnten, mussten im Klosterbereich die Stadtmauer durchbrochen und die heutige Stargarder Straße ausgebaut werden.

Da die Johanneskirche in ihren ursprünglichen Maßen bis fast an die Fassaden der anderen Straßenseite reichte und nur ein schmaler Durchgang vorhanden war, musste ein Teil des hochgotischen Langchores, dessen Bau um 1455 erfolgt war, 1864 abgerissen werden.

33 Fuß, also mehr als zehn Meter ihrer Länge, verlor die Kirche dadurch. Für den Magistrat war das kein Problem. Zum einen war gesetzlicher Denkmalschutz zu der Zeit noch ein Fremdwort. Das Großherzogtum Hessen verabschiedete 1902 das erste moderne Denkmalschutzgesetz in Deutschland. Auf Reichsebene bekam der Schutz von Denkmalen durch die Weimarer Republik erstmals Verfassungsrang. Zum anderen wird man im Rathaus froh gewesen sein, so einfach ein fast 300 Jahre altes Problem problemlos zu lösen. Doch die Lösung war nur ein Provisorium. Das allerdings überstand auch noch einmal 23 Jahre, bis der Einsturz des Kornspeichers im Chorteil der Kirche deren Restaurierung endgültig auf die Tagesordnung setzte.

Warum sich der Magistrat und die Repräsentanten Neubrandenburgs für Professor Carl Schäfer und seinen Schüler Hugo Hartung entschieden, die als die letzten Neogotiker von Format gelten, könnte etwas mit einem Angebot der beiden zu tun gehabt haben und der Tatsache, dass sie bereits in der Stadt aktiv waren. Schräg gegenüber der Johanniskirche und unmittelbar neben dem 1885 fertiggestellten Postgebäude bauten sie 1887/1888 das Wohn- und Geschäftshaus Giesecke, das hinter seiner Straßenfront aus rotem Pfälzer Sand- und schlesischem Backstein einen langen Seitenflügel in Fachwerkbauweise verbarg. Die Baukosten lagen nach Angaben von Hugo Hartung bei 61.000 Mark bzw. 150 Mark pro Quadratmeter.

1888 wurde das Geschäftshaus Giesecke fertig.

Blick in die Eisenbahnstraße, links ist das Geschäftshaus Giesecke neben dem Postamt zu erkennen.

1 Friedrich August Naubert (1839-1897), Organist und Musiklehrer am Neubrandenburger Gymnasium; Großherzoglicher Musikdirektor. Der gebürtige Schkeuditzer gründete 1874 den Verein für gemischten Chorgesang und rief 1880 den Konzertverein ins Leben. Er gründete außerdem den Neubrandenburger Sängerbund.
2 Die Sauer-Orgel hatte zwanzig Register, verteilt auf zwei Manuale und ein Pedal. Das Instrument mit einer Kegellade mit pneumatischer Register- und mechanischer Tontraktur ausgestattete Instrument wurde 1987 an die Gemeinde der Nikolai-Kirche Röbel verkauft, als die Johanniskirche eine neue Orgel bekam. Die Aufstellung des Instruments in der Müritzstadt wurde durch die Ereignisse der Wendezeit verzögert und erst 1993 realisiert.
Der Entwurf des Orgelprospekts der Sauerorgel für die Johanniskirche stammte von Professor Carl Schäfer.
3 Ottilie Siemerling, geborene Lüders (1826-1903). Die Malchiner Kaufmannstochter war seit 1849 mit Dr. Victor Siemerling verheiratet, der am 1. Janua3 1879 starb. Sein Todesdatum ist auf der Unterseite der Oblatenschachtel graviert.
4 Für die Mark kann mittels der früher veröffentlichten langen Reihe des Statistischen Bundesamtes und dem aktuellen Verbraucherpreisindex die Kaufkraft berechnet werden (Stand Januar 2018): 1 Mark (1873) entspräche 6,40 Euro, 1 Mark (1900) entspräche 6,70 Euro.

Der Weg allen Fleisches
Das Jahr der Schlachter

*A*m 31. August 2019 stellte Schlachtbetrieb Danish Crown in Teterow die Schlachtung von Schweinen ein. Es war das Aus der Schweineschlachtung in Mecklenburg-Vorpommern. Die Schweine müssen seitdem in anderen Bundesländern geschlachtet werden. Das Landwirtschaftsministerium prüft, ob zur Stärkung der Regionalität und des Tierwohls die Kapazitäten der vorhandenen 29 kleineren Schlachtbetriebe erweitert werden können bzw. ob und wie der Bau eines neuen Schlachtbetriebes mit Fördermitteln unterstützt werden kann.

In Neubrandenburg wurde 1896 nicht nur der Grundstein für ein modernen Schlachthof gelegt, der zwei Jahre darauf eingeweiht werden konnte. Es nahmen auch vier private Schlachter ihre gewerbliche Tätigkeit auf bzw. kündigte die Eröffnung von Schlachtereien an. Zen Jahre später konnte Neubrandenburg bei rund 11.000 Einwohnern 35 Schlachter, darunter einen Roßschlächter.

Dr. Magnus Hirschfeld

Auf Veranlassung des hiesigen Naturheilvereins hielt der Naturarzt Dr. Hischfeld[1] aus Charlottenburg im Schützenhaus hierselbst einen öffentlichen Vortrag über das Thema: „Was macht uns krank und was gesund?"

NEUBRANDENBURGER ZEITUNG, 9. SEPTEMBER 1896, S. 3

Vor einigen Tagen ist in unserer Stadt der Betrieb der Melasse-Torfmehl-Futterfabrik der Herren P. Schnarr & Co. eröffnet

Produktion bis 50 Tonnen täglich

worden; die Inhaber besitzen gleiche Fabriken in Hamburg und Stettin. [...] Die Fabrik arbeitet mit Dampfbetrieb und ist im Stande, bei regelmäßiger Thätigkeit täglich 1000 Centner Futtermehl herzustellen. Gewonnen wird das Gemisch aus Rübenmelasse und Moostorfmehl.

NEUBRANDENBURGER ZEITUNG, 9. SEPTEMBER 1896, S. 3

Der Maschinenputzer Bengelsdorf hierselbst beabsichtigt auf dem Grundstück Johannisstraße Nr. 2 allhier eine Schlachterei anzulegen. In Gemäßheit des § 17 der Gewerbeordnung ergeht hierdurch die Aufforderung, etwaige Einwendungen gegen die Anlage binnen 14 Tagen vorzubringen.
Neubrandenburg, den 9. Sept. 1896

NEUBRANDENBURGER ZEITUNG, 12. SEPTEMBER, 1896, S. 3

Der im vorigen Jahr[2] gesetzte Bismarckstein hat heute [11. September] in aller Stille einen schönen Schmuck erhalten: Auf der bisher abgestumpft dastehenden Granitsäule erhebt sich auf einer Granitkugel ein in Bronzeguß schön ausgeführter Adler. Alle Freunde des Alt-Reichskanzlers werden diese Verschönerung mit aufrichtiger Freude begrüßen. Der Committe für Errichtung des Bismarcksteines gebührt für diesen neuen Beweis ihrer Verehrung des Fürsten Bismarck umso mehr Anerkennung, als mit der geschaffenen Verbesserung des Denkmals nicht unerhebliche Kosten verbunden sind und solche noch nicht voll haben gedeckt werden können. Es wird beabsichtigt, durch Veranstaltung einer Festlichkeit die fehlende Summe aufzubringen.

NEUBRANDENBURGER ZEITUNG, 13. SEPTEMBER 1896, S.2

1895 wurde der Bismarck-Stein aufgestellt.

Unsere Conservenfabrik, welche eine sehr starke Gemüse-Campagne zu bewältigen hatte, sodaß wiederholt auch des Nachts gearbeitet werden mußte, wird in einigen Wochen ihre Fabrikation beendigt haben. Gleich wie im ersten Jahre, hat die Verwaltung auf Grund der geprüften Fabrikate wiederum mit ersten Geschäftshäusern ganz bedeutende Lieferverträge abgeschlosssen, sodaß u. a. Bestellungen aus Waggonladungen nach Berlin, Hamburg, Leipzig und anderen Städten vorliegen. Ferner sind auch 1500 Centner Gemüse-Conserven in 7 Waggons an die Militär-Verwaltung nach Berlin zu liefern. Aber nicht nur Engros-Geschäfte, sondern auch Detail-Händler und Hotels, die früher von auswärts bezogen, wenden sich jetzt an unsere Conservenfabrik, um ihren Bedarf zu decken. Bei so großen Bestellungen und bei so vielseitiger Anerkennung betreffs der vorzüglichen Conserven, die an Güte nicht übertroffen werden, kann man der Fabrik ein gutes Prosperieren in Aussicht stellen.[3]

NEUBRANDENBURGER ZEITUNG, 11. SEPTEMBER 1896, S. 2

Conserven-Fabrik Neubrandenburg
G. m. b. H.

> **1895:**
> Mecklenburg. Staatspreis und Diplom,
> Malchin,
> Silberne Medaille und Diplom, Parchim,
> Silberne Medaille und Diplom, Rostock,
> als höchste Auszeichnungen für beste Gemüse-
> Conserven.

Neubrandenburg, den

[handwritten letter in old German script]

Neubrandenburg 8 Juli 1892

Geschäftliche Korrespondenz von 1892 aus der Konservenfabrik

Zustand der Fabrikgebäude 1989

Zustand der Fabrikgebäude 2019

Die ursprüngliche Konservenfabrik
ist saniert.

Die Fabrikantenvilla ist heute
Sitz einer Notarin.

Gestern [14. September] fand die Zwangsversteigerung des an der Thurmstraße hierselbst belegenen Hauses des Kaufmanns Guziewsky statt. Den Zuschlag erhielt Hr. Postsecterär a. D. Genzmer auf das Höchstgebot von 10.000 Mark.

Blick in die Turmstraße vor 1900

NEUBRANDENBURGER ZEITUNG, 16. SEPTEMBER, S. 3

In das hiesige Handelsregister - ist Fol.:197 zur Handelsgesellschaft in Firm Dr: Spranger's Witwe[4] zu Neubrandenburg unter Col.: VI heute eingetragen worden: Durch rechtskräftiges Urtheil des fünften Civilsenats des Königlichen Kammergerichts zu Berlin vom 5. Oktober 1895 ist die Liquidation der Gesellschaft und die Bestellung des gerichtlichen Liquidators Philipp Themal zu Berlin zum Liquidator der Firma wiederaufgehoben, dagegen die alleinige Vertretung der Firma und

Werbeanzeige der Firma Dr. Sprangers Witwe

das Recht, dieselbe allein zu zeichnen, dem genannten Philipp Themal übertragen worden.

Neubrandenburg, 18. September 1896,
Großherzogliches Amtsgericht II
Scharenberg

NEUBRANDENBURGER ZEITUNG, 25. SEPTEMBER 1896, S. 3

Auf dem hiesigen Südbahnhof wurde in letzter Nacht [vom 4. Auf den 5. Oktober] wiederum ein Einbruchsdiebsstahl verübt. Der oder die Diebe hatten ein nach dem Nachbargrundstück hinausgehendes Fenster des Empfangsgebäudes eingedrückt und waren dann durch dasselbe ins Gebäude eingestiegen. Sie durchstöberten die Schalterräume und brachen die Behälter auf resp. öffneten dieselben mit Nachschlüsseln. Hierbei sind den Dieben einige Mark Wechselgeld in die Hände gefallen. Zum Einsteigen in das Fenster haben die Diebe eine auf dem Nachbargrundstück stehende Egge als Leiter benutzt.

NEUBRANDENBURGER ZEITUNG, 7. OKTOBER 1896, S. 3

Die Häuser 338 und 340 an der Treptower Straße nebst Birkenbuschwiese Nr. 8 und Wiese Nr. 28 der kurzen Kaveln gingen von den Kaufleuten Adolf Bechly und Adolf Martens auf den Kaufmann Adolf Martens sen. über.

Das Ackergrundstück 216 auf den Heiden mit dem darauf erbauten Wohnhaus in Folge Zwangsversteigerung aus dem Nachlass des Maschinenbauers Wilhelm Müller auf den Logenwirt Joachim Schultz.

Die zum Haus Nr. 428 gehörende Wiese Nr. 4 im Wolfswinkel von dem Mehlhändler Jungtow an den Viehhändler Carl Jonas.

Das Haus Nr. 371 an der Treptower Straße nebst der Wiese Nr. 21 in der langen Schicht aus dem Nachlass des Böttchers Wilhelm Boll auf den Schlachter Ludwig Boll.

Neubrandenburg, 6. Oktober 1896, der Magistrat

NEUBRANDENBURGER ZEITUNG, 8. OKTOBER 1896, S. 3

Der Schlachter Ludwig Boll beabsichtigt auf dem Grundstück Treptower Straße 35 allhier eine Schlachterei anzulegen.

NEUBRANDENBURGER ZEITUNG, 16. OKTOBER 1896, S. 3

20. Oktober 1896 Eröffnung einer Badeanstalt für kalte und warme Bäder, Schwefelbäder, Salzbäder, Kiefernnadelbäder, Dampfbäder usw. durch A. Ballschmiter in seinem Haus in der Badstüberstraße 13. Sämtliche Bäder werden durch geprüften Masseur und Bademeister gegeben. Für Damen ist zu jeder Zeit ein Badezimmer reserviert. Bedienung durch Badefrauen. Geöffnet ist täglich von morgens 8 Uhr bis abends 8 Uhr.

NEUBRANDENBURGER ZEITUNG, 21. OKTOBER 1896, S. 3, ANZEIGE

Unsere Conservenfabrik erhielt auf der in diesen Tagen stattgehabten Landesausstellung für Obst- und Gemüsebau in Neustrelitz wiederum für ihre vorzüglichen Conservenfabrikate die höchste Auszeichnung, eine silberne Medaille.

NEUBRANDENBURGER ZEITUNG, 27.OKTOBER 1896, S-.3

Franz Jokisch hat in der Krämerstraße 26 eine Schlachterei eröffnet am 31. 10. 1896.

NEUBRANDENBURGER ZEITUNG, 31. 10. 1896, S. 4, ANZEIGEN

Oberleitung des Schlachthofbaus wurde vom Magistrat dem Architekten Ralph als Parchim übertragen.

NEUBRANDENBURGER ZEITUNG, 24. NOVEMBER 1896, S. 2

Aus dem alten Schlachthof wurde ein moderner Wohnpark mit bislang 26 Eigentumswohnungen.

In der Zwangsversteigerung wurde heute [30. November] auf dem Großherzoglichen Amtsgericht das in der Krämerstraße hierselbst gelegene Haus des Böttchermeisters Siegwardt dem Ackersmann Wilhelm Schmidt hierselbst für den Preis von 9450 Mark zugeschlagen.

NEUBRANDENBURGER ZEITUNG, 2. DEZEMBER 1896, S. 2

Verkündungen. In Gemäßheit des § 8 der revidierten Stadtbuch-Ordnung werden nachfolgende Grundstücke hierdurch zur Verlassung verkündigt:

1. Das Haus II. Ringstraße Nr. 15 von dem Maurer Hermann Westenfeld auf den Arbeiter Carl Putzinski;

2. Die zwischen der Stadtkämmerei und dem Amtmann Brockmann getauschten Flächen aus der Bernhardstraße, den Gärten 689 A und 689 B und den Garten 680 A;

3. Der Garten Nr. 229 A, B am Werderbruch mit dem darin erbauten Wohnhause vom dem Rentier Wilhelm Schlosser auf den Rentier Adolf Bechly;

4. Der Garten Nr. 459 A am Kuhdamm[5] links von dem Bodenmeister Johann Schmidt auf die unverehelichte Adolfine Schmidt;

5. Das Haus Nr. 332 am Markt nebst den Wiesen Nr. 59 auf den kurzen Kaveln und Nr. 11 auf der langen Schicht von dem Kaufmann Heinrich Schultz auf den Kaufmann Ernst Stegemann;

6. Das Ackerstück Nr. 110 C.B auf dem großen Sonnenkamp mit dem darauf erbauten Wohnhause Nr. 788 B in Folge Zwangsversteigerung von dem Architekten Carl Bester auf den Zimmermeister Andreas Seegert.

Neubrandenburg, 1. Dezember 1896, der Magistrat

NEUBRANDENBURGER ZEITUNG, 3. DEZEMBER 1896, S. 3

Das jetzt so vielfach zur Anwendung kommende elektrische Licht hat nun auch in unserer Stadt Eingang gefunden, und es ist dies wohl als ein Zeichen des Fortschritts zu betrachten. Seit einigen Wochen werden nämlich die Fabrikräume der Firma M. Emanuel hierselbst durch in eigener Anlage erzeugtes elektrisches Licht erleuchtet, und zwar durch einige 50 Glühlampen. Zur Erzeugung der Kraft für die Entwicklung des elektrischen Stromes dient ein Motor von 8 Pferdestärken, also hinreichend, um erforderlichen Falls die Anzahl der Lampen noch vergrößern zu können. Wie wir hören, werden einige andere hiesige Etablissements bald mit einer ähnlichen Einrichtung folgen.

NEUBRANDENBURGER ZEITUNG, 8. DEZEMBER 1896, S. 3

Schlachtermeister Wilhelm Krasemann beabsichtigt auf Grundstück Krämerstraße 11 eine Schlachterei anzulegen

NEUBRANDENBURGER ZEITUNG, 11. DEZEMBER 1896, S. 3

Berichterstattung über Sitzung der Repräsentanten
Anwohner der II. Wall- [heute 2. Ringstraße], Fritz-Reuter- und Südbahnstraße haben den Antrag gestellt, zwecks Herbeiführung einer besseren Beleuchtung der Wallübergänge beim Mauerdurchbruch am Ende der Beguinenstraße[6] die beim Eberlingschen Restaurant gegenüber aufgestellte Laterne um ca. 11 Meter nach dem Treptower Tor zu verlegen. Repräsentanten sind mit der Gewährung des Antrags einverstanden und genehmigen auch den Vorschlag des Wohllöblichen Magistrats auf Verlängerung der Gasleitung in der Fritz-Reuter-Straße und Aufstellung einer Gasflamme in der Nähe des Tiedt'schen Grundstücks in Gemäßheit des vorgelegten Kostenanschlags.

NEUBRANDENBURGER ZEITUNG, 29. DEZEMBER 1896, S. 2

In dem Wiekhaus neben dem Mauerdurchbruch hat heute der Soziokulturelle Bildungszentrum Neubrandenburg e. V. seinen Sitz.

In dem gestern [28. Dezember] stattgehabten Termin zur Zwangsversteigerung des zur Conkursmasse der offenen Handelsgesellschaft in Firma B. Wegner u. Co. Gehörigen, vor dem Friedländer Thor gelegenen Gartens mit dem Wohnhause und Gebäuden zur Eisengießerei und Maschinenfabrik blieben die Erben des früheren Besitzers Ackermann mit 27.000 Mark am Meistgebot und erhielten den Zuschlag.

NEUBRANDENBURGER ZEITUNG, 31. DEZEMBER 1896, S. 2

1 Hier handelte es sich um Dr. Magnus Hirschfeld. Er gründete 1897 mit dem Verleger Max Spohr, dem Juristen Eduard Oberg und dem Schriftsteller Franz Joseph von Bülow das Wissenschaftlich-humanitäre Komitee (WhK), zu dessen Vorsitzendem er gewählt wurde. Das Komitee war die weltweit erste Organisation, die sich zum Ziel gesetzt hat, sexuelle Handlungen zwischen Männern zu entkriminalisieren. Eine Petition an den Reichstag, den berüchtigten Schwulen-Paragraphen 175 aus dem Strafgesetzbuch zu streichen, wurde zwar dort verhandelt, scheiterte aber. Magnus Hirschfeld wurde einer der bekanntesten Sexualwissenschaftler.

2 1895

3 1895 bildete sich eine AG zur Errichtung einer Konservenfabrik in Neubrandenburg. Die Verarbeitung von Gemüse begann 1895 in der Conserven-Fabrik Neubrandenburg E. G. m. b. H. Dem erfolgreichen Start folgten bald Probleme. Es gab nicht ausreichend Frischgemüse für die Verarbeitung. Die Fabrik arbeitete unwirtschaftlich. Die Genossenschaft meldete Konkurs an. 1898 erfolgte der Verkauf der Fabrik für 36.000 Mark an den Getreidehändler Carl Tiedt aus Neubrandenburg. Er verpachtete bereits einen Monat später die Fabrik an Siebold´s Nahrungsmittel-Gesellschaft m. b. H. Leipzig, die das Fabrikgelände der Konservenfabrik samt Inventar 1899 für 42.000 Mark von Carl Tiedt kaufte. Diese Fabrik produzierte Plasmon ein Milcheiweiß, nach ihrer „Überführung in Volkeigentum" bis zur Einstellung der Produktion Ende der 1980er Jahre nur noch Kasein.

4 Dr. Otto Petersdorf und seine Mutter Theophanie, die in erster Ehe mit Dr. Spranger verheiratet war, zogen 1890 nach Neubrandenburg, wo sie eine Salbenfabrik ihrer bereits 1875 gegründeten Firma eröffneten. Die Fabrik befand sich nach dem Bau der Hochburg im Nemerower Holz in unmittelbarer Nähe der im Stil der englischen Tudorgotik errichteten Familienvilla. 1902 starb Theophanie Petersdorf, fünf Jahre später ihr Sohn Otto. 1909 erfolgte eine Firmenverlegung der Dr. Sprangers Ww, Chemisch-pharmazeutische Fabrik, in die Südbahnstraße 17. Ein letzter Hinweis auf die Firmengeschichte findet sich n einem Branchenadressbuch 1950/51. Der Eintrag lautete. Sprangers Ww., Dr., VEB, Fabrik pharmaz. Erzeugnisse, Johannisstraße, Telefon 303.

5 1896 erhielt der Kuhdamm den Namen Jahnstraße.

6 Der Mauerdurchbruch wurde 1886 angelegt.

Als die Konjunktur eine Seifenblase war
Die vermeintlich Goldenen Zwanziger Jahre

Es ist nicht alles Gold, was glänzt. Das gilt auch für die Goldenen Zwanziger. Die Posterweiterung in der Poststraße, die neue Volksschule in der Ziegelbergstraße, das Karstadt-Kaufhaus oder die städtische Kanalisation sind zwar glänzende Beispiele eines nach der Inflation von 1923 einsetzenden Aufschwungs. Doch angesichts hoher Arbeitslosigkeit und fehlenden Wohnraums sowie des drohenden Konkurses Neubrandenburgs sind sie Schaumgold.

Die Konjunktur war eine Seifenblase.

Neubrandenburg hatte fünf Millionen Mark Schulden und musste die Stadtwerke verkaufen, um die Pleite abzuwenden.

Um der Wohnungsnot zu begegnen, entstanden gemeinnützige Wohnungsbaugenossenschaften. Die Viertorestädter bauten als Erstes östlich der Ihlenfelder verschiedene Mehrgeschosser mit Drei-Raum-Wohnungen, bei der sie auch die Grünanlagen nicht vergaßen, *„die der werktätigen Bevölkerung Behaglichkeit und innere Befriedigung bringen sollen"*, wie die „Mecklenburger Rundschau" am 22.7.1928 bemerkte.

Diese Häuser östlich der Ihlenfelder Straße gehörten zu den ersten, die die gemeinnützige Wohnungsbaugenossenschaft Neubrandenburg errichtete.

Am 16. April 1929 waren die Wohnungsbaugenossenschaften Thema auf der Landtagssitzung von Mecklenburg-Strelitz. Der Freistaat war 1919 aus dem früheren Großherzogtum entstanden und lebte von dessen Staatsschatz, bis der 1926 aufgebraucht war und man auf Pump setzte. Bei einem Staatshaushalt von 16,1 Millionen Mark 1931/32 betrugen die Staatsschulden 20,3 Millionen Mark.

In einer großen Anfrage der Deutschnationalen Volkspartei sollte das Staatsministerium Auskunft zu den Genossenschaften geben, die von den 35 Abgeordneten des Landtages mit Krediten in Höhe von 400.000 Mark unterstützt worden waren. Aus dem Vortrag des Ministerialrats von der Decken geht hervor, dass in den von der Neubrandenburger Genossenschaft zwischen 1926 und 1928 erbauten Häusern 82 Mieter eine Wohnung erhalten hatten. Von denen standen zuvor 57 auf den Wartelisten des Wohnungsamtes, zwei Familien seit 1920 bzw. 1921.

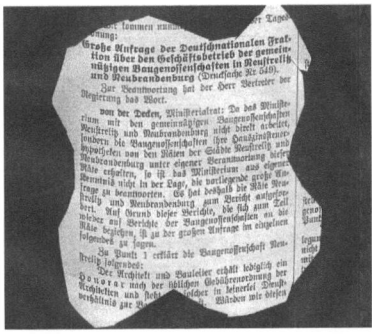

Aus dem Protokoll der Landtagssitzung von 1929

Ein Genossenschaftsanteil kostete damals 30 Mark. Der erste Anteil war bei Genossenschaftseintritt mit fünf Mark anzuzahlen. Im Folgemonat wurden zehn Mark fällig, in den darauffolgenden zwei Monaten jeweils fünf Mark. Wer eine Wohnung erhalten wollte, musste mindestens vier Anteile kaufen. Möglich war der Erwerb von 200 Anteilen, die mit maximal 5 Prozent verzinst wurden. In Neustrelitz – zum Vergleich – betrug der Preis eines Genossenschaftsanteils 100 Mark. Vielleicht erklärt das, warum in der „Hauptstadt" von den 166 errichteten Genossenschaftswohnungen nur 20 an „Minderbemittelte" und 16 an Arbeiter gingen, während auf der anderen Seite 130 Beamte davon profitierten. In Neubrandenburg erhielten vor allem Arbeiter und Eisenbahner die neuen Wohnungen.

Auferstanden aus Ruinen
Vom schweren Anfang in der Nachkriegszeit

Ein Trümmerhaufen im Obergeschoss der Museumsausstellung im Franziskanerkloster symbolisiert das Kriegsende 1945. Neubrandenburgs Innenstadt lag nach dem Ende des Weltmordens zu mehr als 80 Prozent in Schutt und Asche und viele Befreier kosteten ihren Sieg aus. Am 12. Juni beschwerten sich zum Beispiel Anna Dörnbrack und Lotte Woitschak aus Monckeshof, dass seit zehn Tagen abends betrunkene sowjetische Offiziere aufs Gut kämen und die Frauen belästigten. Am 29. Juni informierte der Bürgermeister den Kommandanten, dass allein im Quartier 5 in der Nacht vom 28. auf den 29. Juni 24 Frauen vergewaltigt worden waren.

Für die die Stadt überschwemmenden Flüchtlingsströme musste das städtische Bauamt, das Mitte Mai seine Arbeit auf-

Blick auf die heile Innenstadt Neubrandenburgs, eine Fliegeraufnahme, das die von Albert Speer geleitete Generalbausinspektion 1943 machte

genommen hatte, die Baracken des vormaligen Zwangsarbei-
terlagers West der Mechanischen Werkstätten einrichten, die
im nördlichen Vorgelviertel lagen. Daneben ging es an die Be-
seitigung und Zerstörung von Kampfanlagen, Panzersperren,
Splitterschutzgräben oder die Ausbesserung von Straßen wie
der 100 Quadratmeter Pflaster, die ein Panzer an der Kreu-
zung Stargarder/Treptower Straße zerstört hatte. Dazu kam
die Wiederingangsetzung der Kanalisation, deren Unterhalt
immer schwerer wurde, da neben Pumpen und Membranen
in der Kläranlage auch Schläuche und Werkzeug zur Reini-
gung der verstopfen Kanäle fehlten. Zu den Aufgaben des
Stadtbauamtes gehörte bis 1949 auch die Instandsetzung und
Unterhaltung der von der Roten Armee besetzten Büro- und
Wohngebäude, die Neuanlage und Unterhaltung von drei sowjetischen Friedhöfen, die Einfassung der dortigen Gräber
mit Betonwerksteinen und die Herrichtung von Denkmälern.

*Nach dem Beschuss der Stadt durch zurückweichende deutsche Truppen und vor allem
durch die Brandschatzungen der Roten Armee war die Innenstadt 1945 zu 80 % zerstört.*

Vom 17. September 1954 stammt die Aufnahme, die die enttrümmerte Ruine des Rathauses samt Mudder-Schulten-Brunnen zeigt.

Die alte Hagelkasse wurde zum Rathaus(ersatz).

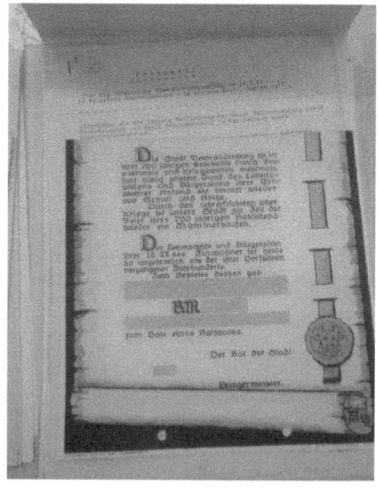

Bürger spendeten einige Tausend Mark für den Wiederaufbau des Rathauses.

Außerdem hatte das Amt Handwerker für die Instandsetzung privaten Wohnraumes zu vermitteln und die wenigen zur Verfügung stehenden Baumaterialien zu verteilen. Unmittelbar nach dem Krieg gab es nichts, was nicht fehlte – in erster Linie Holz für Tischlerarbeiten, Nägel, Beschläge, Fensterglas. *„Dieser Mangel"*, heißt es in einem Bericht vom 17. Oktober 1945, *„ist bis zum heutigen Tage noch nicht beseitigt, trotzdem hier ansässige Firmen sowie auch das Bauamt alle erforderlichen Schritte zur Beschaffung von Baumaterialien unternommen haben. Es ist vorauszusehen, dass diese Aktion [...] nicht den gewünschten Erfolg haben wird und die Wiederherstellung der durch Kriegseinwirkung zerstörten Gebäude noch längere Zeit in Anspruch nehmen wird."* Dass sich der Zustand noch verschärfen würde, konnte der Verfasser des Berichts da nicht ahnen.

Nachdem die Stadt 1945 von der Landesregierung 300.000 Mark für Aufräumungsarbeiten erhalten hatte, wurde die Enttrümmerung eingeleitet. Das begann mit der teilweisen Räumung des Pferdemarktes. Dann kamen 1946 das Rathaus und das Palais an die Reihe. Danach wurden die Häuser an der Johanniskirche, zwischen der Pontanus- und Darrenstraße, der Marktplatz (Block Zandering und Block Donitza) beräumt. Nachdem der Stadt weitere finanzielle Mittel zur Verfügung gestellt worden waren, ging die Enttrümmerung planmäßig weiter. Bis Ende 1948 waren 24.800 Quadratmeter Grundstücksfläche enttrümmert. Dabei waren 955.000 brauchbare ganze Mauersteine, 1400 Kubikmeter halbe Steine, 99,5 Tonnen Eisenträger gewonnen und in erster Linie für die Umsetzung des Befehls 209, des Neubauernbauprogramms, zur Verfügung gestellt worden. Was an Steinen dort nicht benötigt wurde, konnte die Zivilbevölkerung gegen ein Entgelt für die Bergungskosten kaufen. Das war fast nichts. Darüber hinaus wurden 20.600 Kubikmeter unbrauchbaren Schutts abgefahren und einplaniert.

Aus einem Bericht des Neubrandenburger Bauamtes aus dem Jahr 1948

Sah der Befehl 209 der Sowjetischen Militäradministration
(SMAD) für die vier zum Stadtbezirk Neubrandenburg gehörenden „*Dorfgemeinden*" Küssow, Fritscheshof, Monckeshof und
Carlshöhe ursprünglich nur den Bau von zwölf Neubauern-
siedlungen vor, waren bis 1948 insgesamt 36 Vorhaben in die
Liste aufgenommen worden. Mitte 1948 waren davon neun zu
mehr als 75 Prozent fertig, fünf zu 50 bis 75 Prozent, vier zu 25
bis 50 Prozent und sieben von ein bis 25 Prozent. In der Stadt
selbst hemmte diese zentrale Anweisung der SMAD den Wiederaufbau. Nicht nur, dass das meiste bei der Enttrümmerung
angefallene Baumaterial für
das Neubauernbauprogramm
zur Verfügung gestellt werden musste, fürs 1. Halbjahr
1948 mussten auch sämtliche
Baufacharbeiter bei der Umsetzung des Befehls 209 Hand
anlegen. Für Bauarbeiten im
zivilen Sektor gab das Land
nur 30 Kubikmeter Schnittholz
und 13 Tonnen Schlämmkrei-
de frei. Das Holz wurde für die

*Der Schlachthof arbeitete 1945
ausschließlich für die Rote Armee.*

Instandsetzung von Wohnraum verwendet, die Kreide in erster Linie für das Malern der Knabenschule in der Katharinenstraße (Fritz-Reuter-Schule), des Schlachthofs und des Krankenhauses.

Ende 1948 wurde Neubrandenburg dann aus der Verantwortung für das Neubauernbauprogramm entlassen. Die Verantwortung ging an das Kreisbauamt über.

Private Bautätigkeit setzte in Neubrandenburg Anfang 1946 wieder ein. 67 Baugenehmigungen erteilte das städtische Bauamt in jenem Jahr. Dabei handelte es sich in erster Linie um kleine Nebengebäude (Viehställe für die Kleintierhaltung), Änderungen in bestehenden Wohngebäuden, Läden- und Werkstatteinbauten bzw. die Errichtung von Kiosken. 1947 wurden 110 Baugenehmigungen erteilt. Im ersten Halbjahr 1948 waren es 63 Baugenehmigungen. Das städtische Bauamt schätzte die Bautätigkeit im zivilen Sektor aufgrund des großen Mangels an Baumaterial als äußerst gering ein.

Im Jahr der Republikgründung 1949 sah es noch nicht viel anders aus. Ganze 93 Baugenehmigungen wurden erteilt, wieder für Kleinigkeiten. Dazu wurden weitere 30.000 Quadratmeter enttrümmert, 1.453.000 Mauersteine, 947 Kubikmeter halbe Mauersteine und 57,5 Tonnen Trägermaterial geborgen sowie 16.500 Kubikmeter Schutt abgefahren. Bewältigt wurde diese Aufgabe von durchschnittlich 80 bis 100 eingesetzten Frauen und Männern.

Das städtische Bauamt war aber trotzdem nicht untätig. Es machte Pläne für die Zukunft und hatte reichlich davon in der Schublade, als das Land Mecklenburg-Vorpommern im November bekannt gab, im Jahr 1950 Investitionskredite für den Wiederaufbau zerstörten Wohnraums ausreichen zu wollen. Seit dem 1. April 1949 hatte die Stadt im Außenbereich zerstörte Häuser aufgenommen, Kosten- und Materialberechnungen ausgearbeitet und Objekte geplant. Als der Startschuss gegeben wurde, konnte Neubrandenburg auf einen Schlag 100 Kreditanträge einreichen.

Mit einem eigenen Absatz ist im Bericht des Stadtbauamtes für 1949 auch eine wichtige Innenstadtbaumaßnahme erwähnt: *„Um eine Gefahrenquelle für die Fußgänger beim Überschreiten der Fahrbahn beim Neuen Tor zu beseitigen, wurde an der Südseite des Tores ein Mauerdurchbruch gemacht und durch Aufschütten von Boden ein Fußweg geschaffen. Hierbei musste das kleine Blumenhäuschen vor dem Tor um ca. 3 m zurückversetzt werden."*

Der kleine Blumenladen vor dem Neuen Tor musste 1949 für einen Mauerdurchbruch drei Meter zurückversetzt werden.

Rund 200 Gewerbetreibende gab es nach dem Krieg in Neubrandenburg. Einer Zählung vom 22. Juli 1945 zufolge gehörten dazu:

20 Fahrgeschäfte
17 Maschinenreparaturwerkstätten
15 Lebensmittelgeschäfte
14 Schneidereien
13 Bäckereien
8 Gärtnereien
7 Friseure
6 Maler
6 Tischler
5 Baugeschäfte
5 Kohlenhandlungen
5 Schlachter
4 Sattler

4 Glaser

3 Schuhmacher

2 Dachdecker

2 Fischhandlungen

2 Klempner

2 Gemüsehandlungen

2 Töpfer

Bis Oktober 1945 erhöhte sich die Zahl der Gewerbetreibenden um 120. Wer ein Geschäft neu- oder wiedereröffnen wollte,
musste dies bei der Polizei beantragen. Erst im April 1946 wurde die Gewerbeaufsicht aus der Verwaltung der Polizei heraus-
gelöst und der Kreisverwaltung übertragen. Dort blieb sie bis
Ende 1947. *„Zum 31.12. 1947 übergab dann der Rat des Kreises
Neubrandenburg die zu erfüllenden Aufgaben der Gewerbeaufsicht an die Verwaltung der Stadt zurück. Dies geschah zu der
Zeit, als die Teilung des Kreises Neustrelitz in die Kreise Neubrandenburg und Neustrelitz vorgenommen wurde"*, heißt es in einem
Rechenschaftsbericht der Gewerbeaufsicht für die Jahre 1945
bis 1948 vom 20. Dezember 1949. Verantwortlich war das neue
städtische Amt u.a. für die Marktordnung, die Gesundheits-
ordnung, die Lebensmittelordnung, die Veterinärordnung einschließlich der Schädlingsbekämpfung, die Schlachtvieh- und
Fleischbeschau.

Bis Ende 1948 hatte sich die Zahl der Gewerbetreibenden
in Neubrandenburg auf rund 800 Betriebe erhöht. Ob jemand
eine Gewerbeerlaubnis erhielt, entschied nicht, wie noch
1945/46 die Polizei oder später die amtliche Gewerbeaufsicht.
Die Anträge wurden einem Gewerbeausschuss vorgelegt, dem
Vertreter der Industrie- und Handelskammer, des Freien Deutschen Gewerkschaftsbundes (FDGB), des Demokratischen
Frauenbundes und der Gewerbeaufsicht angehörten. Der Gewerbeausschuss kontrollierte auch die genehmigten Unternehmen von Zeit zu Zeit.

Vier Mitarbeiter zählte die Gewerbeaufsicht Anfang 1949 in Neubrandenburg. „Die einzelnen Sachgebiete werden von den drei männlichen Angestellten bearbeitet, während die Stenotypistin alle in der Abteilung vorkommenden schriftlichen Arbeiten, die zu führen notwendig sind, erledigt." Mit einem Erlass der Landesregierung vom 20. Oktober 1949 erhielt die Gewerbeaufsicht auch die Aufsicht über die Schulordnung und die Festsetzung bzw. Verlängerung des Gaststättenschlusses.

„Täglich und ständig gehen noch Neuanträge und Gewerbeanmeldungen ein, die in vielen Fällen Ablehnung finden müssen, weil ein Bedürfnis für das Stadtgebiet Neubrandenburg nicht mehr vorliegt", heißt es in einem weiteren Bericht vom 2. Januar 1950 für das gerade zu Ende gegangene Jahr der Republikgründung. Von den gut 800 Gewerbetreibenden Anfang 1949 zählten 323 zum Handwerk und 90 zum Lebensmittelhandel. Es gab in der Stadt u.a.: 35 Lebensmittelgeschäfte, 18 Bäckereien, 8 Fleischer, 7 Fischhandlungen, 6 Milchhandlungen, 2 Rossschlächter, 2 Räuchereien.

Dazu kamen: 50 Schneiderinnen, 30 Schneider, 44 Schuhmacher, 23 Tischler, 18 Friseure, 16 Schlossereien, 16 Maschinenreparaturwerkstätten, 13 Uhrmacher, 12 Maler, 9 Maurer.

128 Gewerbetreibende verfügten über eigene Werkstätten bzw. Läden. Insgesamt stand in Neubrandenburg für diese eine Laden- und Werkstattfläche einschließlich Lagerräume von 9830 Quadratmetern zur Verfügung.

1949 war auch das Jahr, in dem es neben einem Frühjahrs-, Sommer- und Herbstmarkt auch erstmals wieder einen freien Markt gab. Der war zwar anfangs noch etwas schwach besucht – es gab erst nur Getreide, Mehl und Gemüse – doch als die Bauern ihr Ablieferungssoll erfüllt hatten und mit Fett, Fleisch und Öl auf den Markt kommen konnten, fand der Markt auch seinen Zuspruch. Insgesamt nahm die Gewerbeaufsicht 1949 Standgelder von 2850 Mark ein.

Seit 2019 im „Rentenalter"
Kitageschichte(n) von der Paradieswiese

An der Neubrandenburger Paradieswiese in der Ihlenfelder Vorstadt stand nicht immer eine Kindertagesstätte. Der Kindergarten wurde erst am 29. März 1954 eröffnet, nachdem es dort 1947 schon einmal zeitweise einen Kindergarten gegeben hatte, in einer früheren Flüchtlingsbaracke.

Im Oktober 1945 wurde auf der platzähnlichen Freifläche aber erst einmal ein Badehaus eingerichtet, um den katastrophalen hygienischen Bedingungen nach dem Krieg Herr zu werden.

Der Grundstein für den Bau des späteren Kindergartens an der Paradieswiese, die in jungen DDR-Jahren einmal „*Platz der Solidarität*" hieß, wurde 1953 vom Neubrandenburger Stadtrat Odenthal sowie vom stellvertretenden Vorsitzenden des Rates des Kreises Neubrandenburg Tesch gelegt. Gebaut wurde die Kindereinrichtung von Lehrlingen des VEB Bauunion, die später auch beim Bau des heutigen Gymnasiums in der Demminer Straße eingesetzt wurden. Bei der Bauabnahme des Kindergartens erhielt das Lehrlingsobjekt die Note „*Ausgezeichnet*".

Die Kita an der Paradieswiese hat 2019 ihr „Rentenalter" erreicht. Sie wurde 65.

2008/09 wurde die seit 1995 in Trägerschaft des Deutschen Roten Kreises befindliche Kindertagesstätte nach einem von Hagen Wegner erarbeiteten Gestaltungskonzept modernisiert. Die Stadt stellte dafür insgesamt 135.000 Euro zur Verfügung, davon ein Großteil Städtebaufördermittel.

Spannend ist die Frage, warum aus der Paradieswiese ein Platz der Solidarität wurde und wann und warum die Solidarität wieder aus dem Blickpunkt der Neubrandenburger verschwand und die Kita nun wieder an der Paradieswiese steht. Eine Antwort ist noch nicht gefunden. Der Name Paradieswiese war bereits vor dem Krieg in Gebrauch.

Einem Aufsatz des Museologen Rainer Szczesiak zur Entwicklung Neubrandenburgs zufolge, wurden, um den harmonischen Wechsel von den vierstöckigen Mietwohnungen zu den Einzelsiedlungen herzustellen, in der ersten Hälfte der 1930er Jahre an der Paradieswiese sowie an der Ihlenfelder und an der Neuenkirchener Straße Reihenhäuser mit jeweils 17 bis 22 Wohnungen errichtet. Dabei fand der Historiker heraus, dass die noch 1928 hochgelobten Ziegelbauten der Gemeinnützigen Wohnungsbaugenossenschaft dem nationalsozialistischen Siedlungskonzept nicht mehr entsprochen haben. Er bezog sich auf eine stadtgeografische Untersuchung von Karl Andreas Dahms aus dem Jahr 1938: *„Die aufgelockerte Bebauung hat nur durch die viergeschossigen Mietskasernen an der Ihlenfelder Straße eine bedauerliche Störung erfahren. Welch ein Unterschied in der Aufteilung der Baublöcke! Hier die Häuser um einen engen beschatteten Hofraum gestellt, dort die Eigenheimsiedlungen der Nationalsozialistischen Kriegsopferversorgung und der Mecklenburgischen Heimstätte in weiträumigen Gärten."*

Auch unmittelbar nach dem Krieg hieß die Straße noch Paradieswiese, wie man einem Arbeitsbericht des Stadtbauamtes vom 17. Oktober 1945 entnehmen kann. *„In dem Badehaus auf der Paradieswiese waren die Arbeiten soweit fortgeschritten, dass* *der eine Teil für den Badebetrieb ausgangs der Woche freigegeben werden konnte, doch nach einer neueren Besprechung mit dem beratenden Arzt beim Bürgermeister, Dr. Nolte, soll auch hier eine zusätzliche Entlausung eingebaut werden. Dadurch tritt eine spürbare Verzögerung ein und ist unserer Ansicht nach, wenn nicht neue Schwierigkeiten auftreten, Ende des Monats mit der Fertigstellung zu rechnen."*

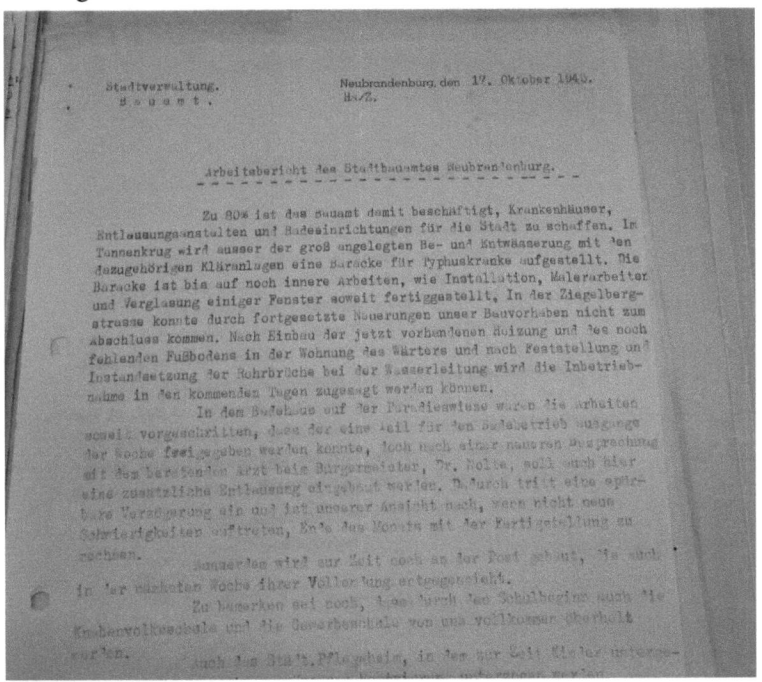

Rechenschaftsbericht des Stadtbauamtes vom 17. Oktober 1945.

Der Flurname Paradieswiese dürfte ein Hinweis auf früheren kirchlichen Besitz sein, auf Grün- bzw. Weideland. Anderenorts finden sich mit Paradieskoppel, Paradieshute bzw. Paradieshut ähnliche Flurbezeichnungen. Eine zweite Erklärung gibt der Agrarwissenschaftler Dieter Greve, ein Experte für Flurnamen in Mecklenburg-Vorpommern. Ortsbezeichnungen in Verbindung mit dem Wort „Paradies" stehen vielfach auch für gute, das heißt ertragreiche Böden.

Nachtrag

Sieben Seiten eines Berichtes der Maschinenfabrik Lythall vom 13. September 1948[1] belegen nicht nur den schweren Anfang des Unternehmens nach dem Ende des Zweites Weltkrieges. Sie sind auch Zeugnis dafür, dass die Rote Armee bereits am Tag der Befreiung, am 8. Mai, in Neubrandenburg mit der Demontage von Maschinen und Anlagen begann. Am 8. Mai 2020 gedenken wir des 75. Jahrestags der Befreiung. Ich denke, dass dann auch der Aspekt der Reparationen in der Diskussion nicht außen vorgelassen werden sollte. Aus dem Grund fügte ich nach Redaktionsschluss für diese Buch noch ein Kapitel hinzu.

Das Beutemachen begann am 8. Mai

Westdeutsche haben für die Kriegsschuld der Nazis 35 Mark bezahlt, die Ostdeutschen wurden pro Kopf mit 6.712 DM belastet.

Nachdem in diesem Jahr der 30. Jahrestag des Mauerfalls (s)eine besondere mediale Aufmerksamkeit gefunden hat, wird es 2020 der 75. Jahrestag des **Tages der Befreiung** sein, der in der früheren Bundesrepublik kein Bezugspunkt in der Erinnerungspolitik war und wenig öffentliche Aufmerksamkeit erfuhr. Bis 1985 Bundespräsident Richard von Weizäcker ihn in seiner Rede zum 40. Jahrestag der Beendigung des Krieges ihn als „Tag der Befreiung [...] von dem menschenverachtenden System der nationalsozialistischen Gewaltherrschaft" bezeichnete.

Seit 2002 ist der 8. Mai in Mecklenburg-Vorpommern ein staatlicher Gedenktag als Tag der Befreiung vom Nationalsozialismus und der Beendigung des 2. Weltkrieges.

Im Zusammenhang mit der Einnahme Neubrandenburgs durch die Rote Armee wurde die Stadt zu großen Teilen zerstört. Dabei kamen laut Stadtarchiv 1789 Soldaten, Zwangsarbeiter, Flüchtlinge und Neubrandenburger ums Leben. 289 davon konnten bisher nicht identifiziert werden. Zurückzuführen ist das auf die Kriegswirren. Mit Hilfe von intensiven Recherchen gelang es aber 152 Suizidopfer zu identifizieren, allein 115 Opfer vom 29. April bis 1. Mai 1945. Bei einer etwa ähnlich hohen Zahl vom Menschen, die sich im Tollensesee oder in Moorlöchern sowie durch Gift das Leben nahmen, gelang das aber nicht.

Einem Bericht des am 3. Mai 1945 eingesetzten Bürgermeisters Kurt Mückisch vom 6. Mai an die sowjetische Militärverwaltung zu Folge, hielten sich kurz nach Kriegsende zwischen 15.000 und 20.000 Menschen in der Stadt auf, deren Innenstadt – vor allem durch Brandschatzungen von Soldaten der Roten Armee – zu mehr als 80 Prozent zerstört war. Dazu kamen noch Tausende KZ-Häftlinge, Kriegsgefangene und Zwangsarbeiter an zehn Standorten. Eine Dokumentation der Förderstiftung für Kunst und Wissenschaft Neubrandenburg zum 70. Jahrestag der Befreiung spricht von 32.000 Menschen. Ihre Zahl überstieg damit deutlich die der Neubrandenburger Bevölkerung, die in der NS-Zeit auf 24.000 angestiegen war.

Die akuteste Wohnungsnot, die Repatriierung von Gefangenen, KZ-Insassen und Zwangsarbeitern, Flüchtlingsmassen, Plünderungen und Vergewaltigungen sowie Gewaltakte der Besatzer in Größenordnungen, dazu regelrechte Verhaftungsorgien. Bereits ab Juni 1945 belegten die Dienste des Innenministeriums der Sowjetunion (NKWD) das ehemalige Kriegsgefangenenlager Fünfeichen mit deutschen Häftlingen. Dazu zählten ehemalige Mitglieder von NSDAP, Hitlerjugend, Bund Deutscher Mädchen und anderen nationalsozialistischen Organisationen ebenso wie Verwaltungsmitarbeiter, Bürgermeister, Polizisten, Juristen, Zeitungsredakteure, aber auch Fabrik- und Gutsbesitzer sowie viele willkürlich Verhaftete, die aufgrund von Denunziationen oder allein durch Zufälle als Sicherheitsrisiko für die Besatzungsmacht oder als Gegner der neu eingesetzten deutschen kommunistischen Machthaber eingeschätzt wurden.

1945 betrug die durchschnittliche Belegungsstärke 4400 Häftlinge. Ein Jahr später lag sie bei 10.400 Häftlingen.

Der Dokumentation der Förderstiftung folgend, haben erst 1946 die Demontagen von Fabrikanlagen des einst größten Neubrandenburger Rüstungsbetriebes, der Mechanischen Werkstätten, begonnen. Dabei sollen auch Gefangene des NKWD-Speziallagers Fünfeichen zum Einsatz gekommen sein.

Sicher ist, dass es nicht die ersten Demontagen in Neubrandenburg waren. Diese Arbeiten begannen sofort nach dem Einmarsch der Roten Armee. Unterlagen der Maschinenfabrik Lythall, später Ölheizgerätewerk Neubrandenburg, heute Webasto, belegen, dass bereits vom 8. Mai 1945 bis 15. August 1945 Maschinen und Anlagen im Wert von einer Million Reichsmark demontiert wurden. Spätestens seit Juni 1945 wurde das

Post von Lythall an das Gemeinde-Komitee Rossow vom 24. Juli 1946

Beutemachen im großen Stil betrieben. Dafür waren ein „Komitee für Beutegut" und ein „Sonderkomitee" für die Demontage von Industrieanlagen beim Staatlichen Komitee für Verteidigung der UdSSR gebildet worden. Im großen Umfang raubte und beschlagnahmte man Lebensmittel, Sach- und Kulturgüter. Allein 1945 beluden Beutegut-Einheiten über 400.000 Eisenbahnwagons, deren Ziel die Sowjetunion war. Und beileibe wurden nicht nur Industrieanlagen verladen. Zur Beute zählten 500.000 Radios, Fotoapparate, über 60.000 Klaviere und mehr als 100.000 wertvolle Möbelstücke. Nicht wenige davon stammten aus Guts-Land-, Strand- und Herrenhäusern. Wie viele Armbanduhren durch Rote Soldaten „erbeutet" wurden, hat niemand gezählt. Es dürften dutzende Millionen gewesen sein. Selbst dem Soldaten, der auf dem nachgestellten Foto vom Hissen des Siegesbanners auf dem Reichstag die Beine seines Kameraden hält, musste vom Fotografen ein Chronometer vom Arm wegretuschiert werden. Sie war ein Hinweis auf Plünderei, die offiziell als Kriegsverbrechen galt.

Da die Uhren aber auch einmal kaputt gehen konnten, gehörten, von Neustrelitz ist es überliefert, auch mal eine kleine Uhrmacherwerkstatt zu den demontierten Unternehmen.

Durch die Demontagen 1945/46, in Neubrandenburg waren davon unter anderem die Torpedoversuchsanstalt, das Betonwerk Jäger sowie das an der Demminer Straße gelegene Sägewerk Georg Gundeck und ab Juni bzw. Juli 1946 die Mechanischen Werkstätten betroffen, wurden mindestens 30 Prozent der 1944 vorhandenen Industriellen Basis der späteren sowjetischen Besatzungszone zerstört. Das war einschneidender als die unmittelbaren Kriegszerstörungen.

Der Bremer Historiker Arno Peters hatte 2006, 15 Jahre nach der Wiedervereinigung, in einem Gutachten versucht, das Thema Reparationen zwischen Ost und West zu aufzuschlüsseln. Nach seiner Berechnung hätte jeder Westdeutsche 35 Mark für die Kriegsschuld der Nazis bezahlt, die Ostdeutschen seien umgerechnet pro Kopf mit 6.712 DM belastet worden.

Neben den Demontagen von Betrieben, beschlagnahmte und enteignete die Sowjetische Militäradministration aber auch Unternehmen. Auf Grundlage des Befehles 124 waren davon auch rund 110 Lichtspieltheater in Mecklenburg und Vorpommern betroffen, in Neubrandenburg, der 1928 eröffnete Filmpalast, der aber bald wieder zu den wichtigsten Propagandawerkzeugen gehörte, allerdings mit roter Ausrichtung und nicht mehr mit brauner. 2002 wurde er durch einen Großbrand zerstört, 2007 dann die Ruine abgerissen.

Land Mecklenburg / Industrie — **Betriebsstammkarte A** — 11. Maschinenbau und Elektrotechnik

Zu jedem Punkt der Betriebsstammkarte finden Sie Erläuterungen im beiliegenden Merkblatt

A. Allgemeiner Teil   I. Allgemeine Übersicht

1. Name des Betriebes
2. Sitz (Ort/Kreis/Straße)
3. Drahtwort
4. Fernruf   5. Haupt- od. Zweigwerk?
6. Wo befindet sich das Hauptwerk?
7. Wo befinden sich Zweigwerke?
8. Eigentumsform   9. Rechtsform
10. Verantwortlich für den Betrieb?
    Name / Stellung im Betrieb
11. Betriebsrat

12. Was stellt der Betrieb derzeitig her? (Haupterzeugnis unterstreichen)
13. Was kann außerdem noch hergestellt werden?
14. Hat der Betrieb a) Großhandelserlaubnis? b) Einzelhandelserlaubnis?
15. Gründungsjahr in Mecklenburg
16. Tag der Produktionsaufnahme in Mecklenburg
17. Ging der Betrieb aus einem anderen Betrieb hervor und wie hieß der frühere Betrieb?
18. Grundbucheintragungen
19. Handelsgericht, Eintragungen

II. Demontage- und Kriegsschäden

1. Wurde der Betrieb demontiert?
2. Einzel-, Teil- oder Totaldemontage?
3. Wann erfolgte die Demontage?
4. Wert der Demontage in DM
5. Wann lag der Betrieb still?
6. Wann wurde Antrag auf Wiederaufbau gestellt?
7. Wann erfolgte die Genehmigung?
8. Wann wurde die Produktion wieder aufgenommen?
9. Wurde der Betrieb durch Kriegseinwirkung beschädigt?
10. Leicht, mittel oder schwer?
11. Wert des Schadens in DM?
12. Zu wieviel % wurde der Schaden behoben?

III. Verkehrslage des Betriebes

1. Eisenbahnstation
2. Entfernung vom Werk
3. Nächster Binnenhafen
4. Entfernung vom Werk
5. Zuständige Reichsbahndirektion
6. Eigener Gleisanschluß?
7. Eigene Verschiebemaschine?
8. Nähe welcher Wasserstraße?
9. Ist Be- und Entladevorrichtung für Gleis- und Wasseranschluß vorhanden?

IV. Vorhandene Fahrzeuge und Zugtiere

	PKW	LKW	Werks-Lok.	Loren	Waggons	Gespanne	Stück	Art der Zugtiere
Anzahl	3	1						
Tragf. d. größten Fahrz.								

V. Gebäude und Fertigungsräume

1. Fläche des Grundbesitzes ... m²   2. betriebl. nutzbare Fläche ... m²   3. davon bebaute Fläche? ... m²
4. Miete oder Eigentum?   5. Lehrwerkstatt vorhanden?   6. Flach-, Etagen- oder Hallenbau?

7. Größe der Räume in m²	Fertigungsräume	Büroräume	Lagerräume mit Dach	Gesamt
8. Abmessungen der größten Räume oder Hallen — Länge / Breite / lichte Höhe

Die auf Anordnung des deutschen Wirtschaftes eingeführten Betriebsstammkarte gewährten den Verwaltungen einen Überblick über die vorhandenen Anlagen, rückwirkend bis 1936.

Mit Lythall war die Sache komplizierter. Den Betrieb zu enteignen, ihn komplett zu demontieren oder nach Gründung der DDR einfach in Volkseigentum zu überführen war nicht möglich. Im Unternehmen steckte neben deutschem Kapital auch englisches. Dass Lythall trotz der Demontagen relativ schnell wieder auf die Beine kam, ist angesichts des Raubzuges der Besatzer sowie der vorhandenen Maschinen und Anlagen erstaunlich.

Anlage zur Betriebsstammkarte A
der Maschinenfabrik Lythall, Neubrandenburg

1.) Revolverdrehbank Nr. 2 - 800 mm Drehlänge, ca. 12 Jahre alt, es fehlen einige Teile, Futter usw.- beschränkt gebrauchsfähig

2.) Elektr. Säulenbohrmaschine Nr. 9 bis 23 mm bohrend, ca. 6 Jahre alt, gebrauchsfähig

Elektr. Tischbohrmaschine Nr. 12 bis 6 mm bohrend, ca. 11 Jahre alt, gebrauchsfähig

Ständerbohrmaschine Nr. 43 bis 30 mm bohrend, ca. 8 Jahre alt, gebrauchsfähig

Ständerbohrmaschine bis 60 mm bohrend, ca. 30 Jahre alt, gebrauchsfähig

Säulenbohrmaschine Nr. 77 bis 25 mm bohrend, ca. 36 Jahre alt, Führunge ausgelaufen, nur beschränkt für grobe Arbeiten gebrauchsfähig, z.Zt. fehlt Antriebsriemen

Säulenbohrmaschine Nr. 85 bis 25 mm bohrend, ca. 36 Jahre alt, nur beschränkt für grobe Arbeiten gebrauchsfähig, z.Zt. fehlen Antriebsriemen

Säulenbohrmaschine Nr. 26 - bis 25 mm bohrend, ca. 48 Jahre alt, Führungen ausgelaufen, nur beschränkt für grobe Arbeiten gebrauchsfähig, z.Zt. fehlen Antriebsriemen

Säulenbohrmaschine Nr. 28 bis 25 mm bohrend, ca. 38 Jahre alt, gebrauchsfähig

Säulenbohrmaschine Nr. 27 bis 20 mm bohrend, ca. 48 Jahre alt, gebrauchfähig, z.Zt. fehlen Antriebsriemen

Elektr. Tischbohrmaschine auf Holzbock, bis 15 mm bohrend, ca. 10 Jahre alt, gebrauchsfähig

3.) Metra-Feinst-Bohrwerk - Spezialbohrwerk für Motorkurbelgehäuse ca. 8 Jahre alt, gebrauchsfähig, es fehlt jedoch noch einig Spezialzubehör, dessen Beschaffung läuft.

4.) Schrauben-Schneidmaschine - ca. 43 Jahre alt, gebrauchsfähig

5.) Shaper Nr. 3 - Tischbreite 300 mm - ca. 15 Jahre alt, gebrauchsfähig

7.) Vertikalfräsmaschine für Zahnräder- ca. 10 Jahre alt - stark reparaturbedürftig, z.Zt. nicht in Betrieb. Da zweifelhaft ist, ob die fehlenden Teile beschafft werden können, wird keine Kapazität eingesetzt.

8.) Luftdruckhammer Nr. 16 - ca. 65 kg Bärgewicht, ca. 38 Jahre alt, gebrauchsfähig
Schmiedemaschine „Bulldozzer" ca. 46 Jahre alt, gebrauchsfähig

9.) Kombinierte Stabeisen- und Blechschere mit Stanze ca. 18 Jahre alt, gebrauchsfähig

10.) Stat. Schweißumformer Nr. 35 - 21,5 KW, 50/270 A - 2 Jahre alt, gebrauchfähig
Fahrb. Schweißumformer Nr. 39 - 12 KW - 60/300 A - 2 Jahre alt, gebrauchsfähig
Fahrb. Schweißumformer 13,5 KW- 1948 gekauft, gebrauchsfähig
Punktschweißmaschine- 16 KVA- ca. 15 Jahre alt, gebrauchsfähig

13.) Da die Drehbänke sehr viel mit Überstundenarbeiten, beträgt die Kapazit 600 Std./Quartal
Drehbank Nr. 1- 350 mm Spitzenhöhe, 1600 mm Drehlänge, ca. 20 Jahre al es fehlen Lünetten u.Wechselräder, gebrauchsfähig

```
Drehbank Nr. 6 - 250 mm Spitzenhöhe, 1500 mm Drehlänge, ca. 26 Jahre a
              Bruch im Support, gebrauchsfähig.
Drehbank Nr. 7 - 350 mm Spitzenhöhe, 2750 mm Drehlänge, ca. 50 Jahre a
              veraltete Bauart, beschränkt gebrauchsfähig
Drehbank Nr. 8 - 325 mm Spitzenhöhe, 1250 mm Drehlänge, ca. 5 Jahre al
              es fehlen Lünetten, Spannfutter und Leitspindel, sons
              gut betriebsfähig
Drehbank Nr. 41- leichte Bank, 180 mm Spitzenhöhe, 1250 mm Drehlänge,
              ca. 10 Jahre alt, betriebsfähig
Drehbank Nr. 42 - 350 mm Spitzenhöhe, 2250 mm Drehlänge, ca. 30 Jahre
              alt, gut erhalten
14.) Horizontalfräsmaschine Nr.4- ca. 10 Jahre alt, betriebsfähig
     Vertikalfräsmaschine Nr.5- ca. 10 Jahre alt, betriebsfähig
15.) Metall-Bügelsäge Nr.44- für Rund- u. Vierkanteisen bis 150 mm, ca. 20
              Jahre alt, betriebsfähig
     Metall-Bügelsäge Nr. 19 ca. 36 Jahre alt, betriebsfähig
16.) Bankschleifmaschine Nr. 10- 2 Schleifscheiben 300x40, 6 Jahre alt,
              betriebsfähig
     Bankschleifmaschine Nr. 11- 2 Schleifscheiben 175x25, 11 Jahre alt,
              betriebsfähig
     Rundschleifmaschine- noch nicht in Betrieb, reparaturbedürftig, ca.
              10 Jahre alt
     Innenschleifmaschine- noch nicht in Betrieb, z.Zt. in Reparatur,
              ca. 10 Jahre alt
     Werkzeugschleifmaschine- ca. 40 Jahre alt, mangelhafter Zubehör, repa-
              raturbedürftig
     Doppelte Schmirgelschleifmaschine Nr. 24- zum Gusputzen, 38 Jahre alt,
              betriebsfähig
     Schmirgelschleifstein Nr.29- Selbstbau,23 Jahre alt, betriebsfähig
     Zweiteiliger elektr. Schleifbock- 2 Jahre alt, betriebsfähig
     Flächenschleifmaschine- ca. 8 Jahre alt, gebraucht gekauft, reparat-
              bedürftig, noch nicht in Betrieb. Da die Beschaffungs-
              möglichkeit der fehlenden Teile fraglich ist, wird kei
              kapazität eingesetzt
18.) Exzenterpresse Nr. 14, mittelschwer, ca. 45 Jahre alt, gebrauchsfähig
     Lochstanze Nr. 18, leichte Ausführung, ca. 48 Jahre alt, gebrauchsfäh
              z.Zt. fehlen Riemen
20-21.)Bandsäge Nr.30- 750 mm Scheiben-Ø, ca. 20 Jahre alt, gebrauchsfähig
     Dicktenhobelmaschine Nr.31- 500 mm Durchlaß, 7 Jahre alt, betriebsfäh
     Kombinierte Kreissäge-u.Langlochbohrmaschine Nr.32, 2 Jahre alt, betr.
     Holzdrehbank Nr.33, 250 mm Spitzenhöhe, 500 mm Drehlänge, ca. 48 Jahre
              alt, betriebsfähig
25.) 4 Wendeplatten-Formmaschinen Nr.178/81-ca.36 Jahre alt, betriebsfähig
     Lupolofen Nr. 171- Innendurchmesser 600 mm, ca. 46 Jahre alt, betrieb-
              fähig
     Tiegelofen- für 50 kg-Tiegel, 41 Jahre, betriebsfähig
```

Übersicht über die Maschinen und Ablagen der Maschinenfabrik Lythall im September 1948. Manche Maschinen waren zu dem Zeitpunkt 48 Jahre alt.

Man musste sich also was einfallen lassen. 1949 warfen die Wirtschaftsorgane der jungen DDR dem Direktor Hermann R., Schmidt, der seit 1930 dem Unternehmen angehörte und seit der Umwandlung der Aktiengesellschaft in eine Kommanditgesellschaft 1936 persönlich haftender Gesellschafter war, Steuerhinterziehung vor. Schmidt musste ins Gefängnis und wurde vom Prokuristen Hans Vockerodt vertreten. Hermann Schmidt kam zwar wieder frei, wurde aber weiterhin verfolgt. Als 1951 eine erneute Inhaftierung drohte, setzte er sich in die Bundesrepublik ab. Dafür kam jetzt Prokurist Vockerodt in den Knast. Gründe sollen Bestechungen und Korruption gewesen sein.

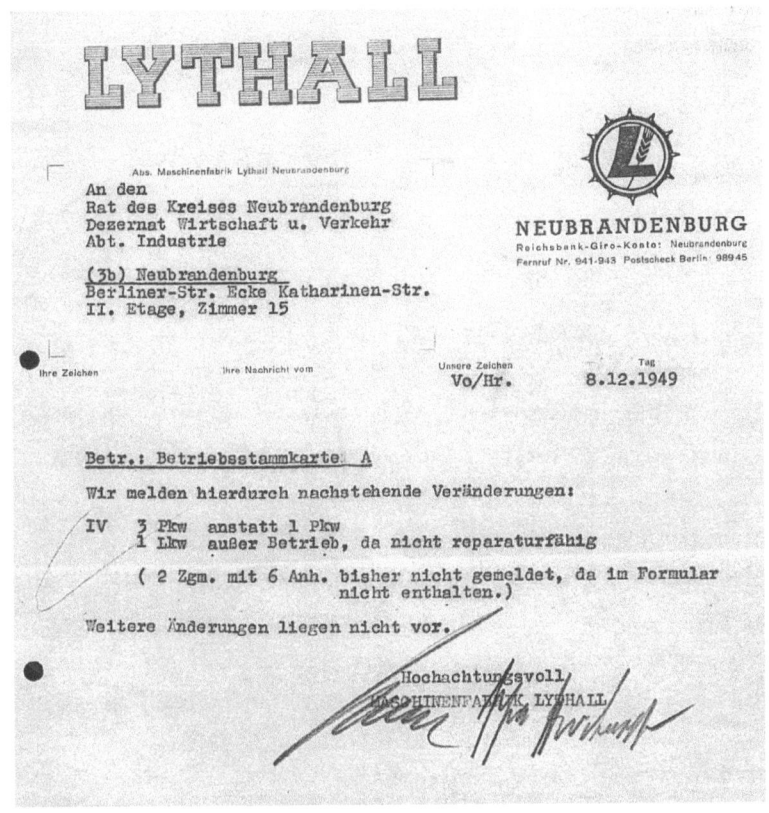

Der Fuhrpark von Lythall 1949, drei PKW, ein kaputter LKW und zwei Zugmaschinen mit sechs Anhängern

Die Maschinenfabrik Lythall wurde am 16. September 1951 unter Treuhandverwaltung gestellt. Treuhänder Fritz Lorenz hatte für die dem Hauptaktionär Hermann Schmidt und dem Prokuristen Hans Vockerodt angelasteten Steuerschulden in Höhe von 650.000 Mark zu vertreten. Da ein monatlicher Gewinn von 50.000 Mark erwirtschaftet vorrangig zur Tilgung der angeblichen Steuerschuld eingesetzt wurde, war abzusehen, dass das Thema bald der Vergangenheit angehören würde. Also

Für eine Million Reichsmark demontierten Angehörige der
Roten Armee Maschinen und Anlagen bei Lythall Neubrandenburg
wurde der Betrieb durch den Rat des Kreises aufgefordert, die
Steuerschuld aller Kommanditisten sofort zu begleichen. Dazu
war das Unternehmen nicht in der Lage.

Die Firma wurde dadurch in den Konkurs getrieben, der aber
auch erst möglich wurde, nachdem per Gesetz die bis dahin gül-
tige Konkursordnung verändert wurde. Stichwort vorhandenes
englisches Kapital in Form von Grundmittel bei Lythall.
Im Rahmen des Konkursverfahrens trat der Rat des Kreises als
„bevorrechtigter Käufer" der Konkursmasse auf. Lythall konnte
damit nur als VEB weiter existieren. Allerdings bedurfte es dazu
auch noch eines Beschlusses der Beschäftigten. Ein Unternehmen konnte nur in Volkseigentum überführt werden, wenn die
Belegschaft das bei den zuständigen staatlichen Organen bean-
tragte. Vier Belegschaftsversammlungen und Versprechen wie 15
Prozent mehr Lohn waren notwendig, damit 60 Prozent der Beschäftigten bereit waren, die Antrag zu stellen. Am 1. Januar 1953
wurde der VEB Maschinenfabrik Neubrandenburg gegründet.

1 LHAS, 6.11-14 Ministerium für Wirtschaft, Nr. 4235.

BILDVERZEICHNIS

Titelbild: Helmut Borth

Helmut Borth: 8 (u), 9 (2), 15, 17 (u), 18 (o), 21, 24 (2), 26 (o), 27 (o), 36, 37 (3), 42, 45 (u), 53 (4), 54, 60, 61 (2), 70, 71 (2), 74 (o), 76, 78 (2), 79, 81, 83, 84 (o), 92, 101 (o. r.), 103, 110 (4), 113, 116, 117, 118, 122 (u. r.), 124 (2), 129, 131, 136, 137, 138, 139, 142 (4), 143 (5), 144

Sammlung Helmut Borth: 14, 18 (u), 19, 20 (2), 2 (3), 23, 26 (u), 30, 31 (u), 32 (o), 33 (u), 39 (2), 40, 41, 43 (2), 45 (o), 46, 47, 48, 49, 55, 65, 67, 69, 75, 80, 82, 84 (2), 85 (2), 86 (2), 93 (4), 4 (2), 97 (u), 98, 105, 106, 108, 109, 110 (o), 120, 121, 122 (o), 122 (u. l.) 134, 140

Regionalmuseum Neubrandenburg: 32 (u), 38, 104

Sammlung Wolfgang Heintze: 31 (o), 33 (o), 34 (2), 63 (2), 64, 68

Sammlung: Roland Pöschel: 56, 57,

Sammlung Horst Beyermann: 111 (2)

Renate Rössing-Winkler: 74 (u)

Wikipedia: 7 (2), 8 (o), 10, 11, 12, 16 (2), 17 (o), 27 (u), 28, 35, 50, 51, 90, 91 (o), 107

Wikipedia/Malchen 53: 97 (o)

Landesbibliothek Mecklenburg-Vorpommern: 87

Deutsche Fotothek: 89, 101 (o. l.), 101 (u)

Bundesarchiv: 22 (o. r.), 126

Deutsches Historisches Museum:

Technische Universität Dresden, Universitätsarchiv: 91 (u)

ISBN 978-3-941683-64-8

ISBN 978-3-941683-17-4

ISBN-13: 9783741293603

ISBN-13: 9783741280719

ISBN-13: 9783741253089

ISBN-13: 9783743103245

ISBN-13: 9783744819299

ISBN-13: 9783735750846

ISBN-13: 9783734775666

Zum Autor

1960 in Neubrandenburg geboren, ist Helmut Borth seit 1979 publizistisch tätig. Seit 2008 arbeitet er als freier Journalist und Autor bzw. Geschäftsführer von Unternehmen im Wellnessbereich.

Helmut Borth

Von ihm erschienen bisher fast zwei Dutzend Bücher, die über Geschichten mit Geschichte mit der regionalen Vergangenheit von Mecklenburg-Strelitz und der Uckermark bekannt machen bzw. besondere Reiseziele in Mecklenburg-Vorpommern präsentieren.